新时代绿色发展理念及其路径探索

许正田◎著

北京燕山出版社

BEIJING YANSHAN PRESS

图书在版编目（ＣＩＰ）数据

新时代绿色发展理念及其路径探索 ／ 许正田著. --
北京 ： 北京燕山出版社，2023.3
　　ISBN 978-7-5402-6838-1

　　Ⅰ．①新… Ⅱ．①许… Ⅲ．①中国经济－绿色经济－
经济发展－研究 Ⅳ．①F124.5

中国国家版本馆 CIP 数据核字（2023）第 034706 号

新时代绿色发展理念及其路径探索

作　　者	许正田
责任编辑	金贝伦　贾　玮
出版发行	北京燕山出版社有限公司
社　　址	北京市西城区椿树街道琉璃厂西街20号
电　　话	010-65240430
邮　　编	100052
印　　刷	北京四海锦诚印刷技术有限公司
开　　本	787mm×1092mm　1/16
字　　数	212千字
印　　张	11.75
版　　次	2023 年 3 月第 1 版
印　　次	2023 年 3 月第 1 次印刷
定　　价	78.00 元

作者简介

中共党员,高级教师,现任霍邱一中副校长兼教务处主任。工作以来一直担任高中班主任工作,主持或参与多部教辅编写和审定,有多篇论文在 CN 期刊发表,目前主持国家电教课题《基于人工智能的现代高中教育教学模式建构研究》和省级课题《基于新高考的"一案三式"备课改革模式的实践研究》有序在研中。

由于教育教学和管理业绩突出,曾先后荣获"全国优秀教师"、"全国五好家庭"、安徽省首届"十佳班主任"、"六安市先进工作者"、"六安市优秀共产党员"、"六安市拔尖人才"、"六安市学科带头人"、"六安市优秀班主任"、"皖西最美教师"等荣誉称号。

前　言

绿色发展旨在于实现人与自然的和谐共生，形成人与自然和谐发展的现代化建设新格局。新时代下，绿色发展理念经历了一系列规律性的嬗变，党和国家在生态建设的实践中不断积累经验，逐渐形成了成熟的生态文明理论体系。当前，要让绿色发展理念更加深入人心，就必须采取一定的传播策略和手段，打造多方合力、转变传播形式，增强全民参与度，让绿色发展理念潜移默化地成为人们生活中的一部分。只有这样，才能进一步提升生态文明建设的进程，把绿色与发展有效结合，促进人与自然和谐共生。

基于此，笔者撰写了《新时代绿色发展理念及其路径探索》一书。全书在内容安排上共设置了六章：第一章作为本书论述的基础和前提，探讨了绿色发展理念提出的必要性、绿色发展理念提出的意义、绿色发展理念的科学内涵、绿色发展理念的内在价值；第二章探讨了新时代绿色发展的机遇与挑战；第三章分析了新时代绿色发展的现实基础，主要包括理论基础、物质基础和生态环境基础三方面；第四章探讨了新时代绿色发展道路的生成逻辑，内容包括绿色发展的战略目标、绿色发展的战略转变、探索绿色发展道路的基本原则；第五六章作为本书的研究重点，基于绿色发展方式和绿色生活方式两方面探究了新时代绿色发展路径。

全书在内容丰富、布局合理、逻辑清晰、理论与创新诸多方面都有独到之处，注重理论与实践的结合，充分体现出本书的科学性、系统性、全面性、时代性、实用性等显著特点，给绿色发展提供了一些新思路和新举措，给广大读者的阅读提供了服务与帮助。

绿色发展永远在路上，生态环境保护是"功在当代，利在千秋"的事业。践行绿色发展理念，深入持久地推进生态文明建设，如此才能形成人与自然和谐发展的现代化建设新格局，赢得中华民族永续发展的美好未来。本书在写作过程中参考了大量专家、学者的研究成果，在此表示真诚的感谢。由于作者水平有限，书中难免有疏漏之处，还请各位读者进行指正。

目 录

第一章 迎接绿色发展新时代

第一节 绿色发展理念提出的必要性

目前，世界正处在一个发展的十字路口。由于现有发展方式难以持续，无论是中国还是世界，都需要寻找新的模式。绿色发展正是这样一种新模式，有可能带来经济、社会、环境以及政府角色的全面转型。我国目前仍属于发展中国家，正处于快速工业化、快速城镇化的进程中，推进绿色发展，不仅是中国加快经济结构调整和转变经济发展方式的自主行动，也是我国应对全球气候变化的重要举措，更是一个十几亿人口的大国要实现现代化的目标、实现和平发展的必然选择和客观要求

一、亟待转型的传统发展方式的要求

首先，中国传统增长模式需要中国采取改革行动，而促进绿色发展则是改革的一部分。随着收入水平的提高，人民对更好的福利、更清洁的环境和更高品质的生活的要求越来越迫切，而与环境相关的灾害风险亦要减少。

其次，中国经济在 2030 年能否顺利步入高收入社会，仍然存在很多不确定因素。因此，中国需要寻找由创新及具有更高附加值生产模式驱动的新的增长之源。绿色发展就是克服未来风险，并寻找更强劲的增长源泉的政策方案的一部分。

不仅国内条件如此，国际条件的变化也需要中国转变发展方式。目前，西方国家也正在转向更有竞争力的绿色发展。为获得先行者优势，一场新的关于绿色发展的竞争正在全球范围内展开。

二、改变资源、环境、生态形势的要求

从全球看，温室气体的排放促使全球升温，巴黎气候大会的召开将降低碳排放作为全

球共识，而且随着新技术革命的不断深入，资源能源已不再是国际竞争的唯一要素，国际竞争业已不仅限于野蛮掠取和粗放开发，而越来越多地采用新的技术手段，以及巧妙利用可再生和不可再生的自然资源，保证人类在良好的生态环境下拥有持续竞争力。这些既为转变发展方式、促进人与自然的和谐制造了压力，同时也为生态环境的保护创造了条件。

三、解决经济社会发展不均衡及其诱发的问题的要求

绿色是生命的象征，是大自然的底色，是永续发展的必要条件和人民对美好生活追求的期盼，更是实现中华民族伟大复兴中国梦的重要内容。改革开放 40 余年的经济高速增长铸就了世界第二大经济体的"中国奇迹"。多年的经济发展使人们逐渐意识到了绿色发展的重要性。

尽管未来新的绿色技术突破对于绿色发展至关重要，但前沿绿色技术其实还只是全部绿色技术的一部分。而且，绿色转型是一个比技术变革更全面且深入得多的过程。这个转型将深入到制造、服务、建筑、交通、城市发展和管理以及能源生产和消费等众多领域，并带来产业组织模式、商业模式和生活方式的深刻变化。

转向绿色发展是一个漫长的过程，但对于中国而言，要在全球绿色发展中取得竞争优势，并成为全球领跑者，关键的战略机遇期也只不过是未来二十年。

第二节　绿色发展理念提出的意义

绿色发展契合了中国资源国情、环境国情、生态国情，契合了中国生态文明建设的理念、目标和要求，契合了中国国家治理能力与体系建设的目标和要求；同时，绿色发展也契合了广大人民群众的要求和心愿，尤其契合了中国公民环境觉悟普遍提高的新时期及其新要求。

一、绿色发展有助于实现人与自然的和谐

面对人民对美好生活的期盼，党的十八届五中全会确立了绿色发展的理念，强调要坚持节约资源和保护环境的基本国策，坚持"绿水青山就是金山银山"的理念，坚持走生产发展、生活富裕、生态良好的文明发展道路，加快建设资源节约型、环境友好型社会，形

成人与自然和谐发展的现代化建设新格局，着力打造美丽中国。将绿色发展作为关系我国发展全局的一个重要理念，作为长时期我国经济社会发展的一个基本理念，体现了我们党对经济社会发展规律认识的深化，将指引我们更好地实现人民富裕、国家富强、中国美丽、人与自然和谐，开创社会主义生态文明新时代，实现中华民族永续发展。

关于人与自然的关系，人类经历了一个漫长的认识过程，相应地，人类的发展理念也在不断发生着变化。在原始文明时代，人类敬畏、崇拜自然，人与自然实现了愚昧状态下的"和谐共生"。在农业文明时代，民智渐开，伴随着人口的迅速增长，人类进入了初步探索自然、开发自然的历史阶段。总的来说，当时的生态危机并不严重，人与自然整体上处于"和谐共生"状态。当人类进入工业文明时代，人与自然的关系发生了实质性的变化。从一定意义上讲，受"知识就是力量"观念的影响，在资本主义理性精神的驱动下，西方国家出现了一段征服自然、统治自然的历史。经过了这段时间的发展，西方国家逐渐意识到了绿色发展、人与自然和谐共生的重要性。

强调人与自然"和谐共生"就是主张人与自然的平等相处，人类不是自然的奴隶，也不是自然的上帝。人与自然应当在和谐、平等的基础上，通过相互的交换运动，实现持续性的共生共荣。同为地球生态系统的组成部分，人与自然在自然权利的储量上是平等的，都有实现永恒发展的天然权利。

（一）人的意识与自然和谐

人的意识是客观世界在人的头脑中的反映，是经过人的主观加工后的客观存在，因此，人的意识首先是客观的，其次它不仅仅是客观存在的直接重复，而是加以主观化后的综合印象。意识所反映的是人化的客观世界，人的意识经历从低层次的直接认知到较高层次的主动反映，人的自身发展过程也就是由单纯的自然供给到主动改造客观世界以满足自身需求的过程。人的主观能动性是人的意识反作用于外在世界的形式，物质世界是人的意识存在的基础，而意识是人通过生产、生活改造客观世界的动力与结果，是物质世界在人的头脑中的动态反映。自然是一系列有机系统的综合体，包括山川、河流、矿藏等自然资源，动物、植物以及人类等有机生命体，自然本身是一个自我循环、自我平衡的系统，具体表现为生命的种类与其生存环境相配比，每种生物所消耗的能量与其供应有相对的比例，每种生物的数量都由其天敌所制约，从而实现种类、数量的均衡；同时自然具有自净功能，即对其生物的废弃物可以通过自身的循环加以消化、吸收。自然平衡由不同循环体的自身平衡所构成，环境的平衡表现为资源的被消耗与其补给相平衡，投放的污染与废弃物不超过环境的承载量，从而维持资源的持续与供给以及环境质量的相对稳定；而有机生物的平衡表现为其摄取的能量与其供给相平衡，有机生物的数量、规模不超过其能量供给的极限。

人的意识与自然必须保持和谐，作为自然生物的一种，人是自然长期发展的结果，必须遵循自然发展的规律。人的意识最初表现为依赖自然供给，以保证生存的物质基础，随着工业经济的发展，人类利用科学技术可以突破自然资源的界限，实现更高层次的发展，而在这一阶段人的意识便由对自然的依赖转为与自然的对立，即人的发展与自然的有限消耗不一致，其结果是自然的极限最终制约人的自身发展。

（二）人的行为与自然和谐

人的行为表现为以一定的物质资料为基础，借助一定的生产工具，实现满足自身需要的产品的生产。在最初阶段，主要是靠简单的采集、种柏来实现生存的可能，随着科技的发展，人类借助高新技术，扩大对资源的开发与消耗，从空间上加深加大对资源的利用。工业化的进程伴随大量的污染及废弃物未加处理地排放到自然环境，其结果是可利用资源的枯竭以及人的生存环境的恶化。人的生产活动本质是借助自然资源实现自身发展的过程，而按照物质能量守恒的规律，无论采用何种形式，总体能量是维持不变的，只不过是在不同存在形式间的转换过程，因此人类对环境的污染最终会反作用于人自身。人的发展一方面是资源的消耗过程，另一方面也是人类活动作用于自然的过程，而要保持人与自然的和谐，就要求人的行为以与自然的有限供给相一致，即按照自然发展的客观规律来进行自身的生产与生活，在对资源的开采过程中维持其持续的时间容量；同时控制污染和废弃物的排放，从而实现自身的平衡。

人的经济活动是以一定的资源消耗来实现人的需求效用的过程，其核心是人的效用最大化，以物质需求的满足作为生产活动的动因，结果是对资源的无限制开采，以及对环境的肆意破坏。采用外延的扩大来实现物质产出，实际上自然的被污染以及资源的过滥开采，在更长期的过程中将增加经济产出的成本，表现为开采范围的缩小以及开采难度的加大等。环境的恶化直接危及的是人自身的生存和发展，这与利用资源的最初动机是相违背的，因此，必须将人的经济活动界定为对资源的有机利用，即以不对资源的维持造成损害，作为开采、利用资源的限度。

　　人的行为与自然是相互作用与制约的过程。人首先是存在于自然环境中的生物体，而人的行为只不过是借助一定的工具获取生存、发展所需能量的活动与过程，因此人的行为首先是在一定的环境下的行为，即人的行为不应超越环境的允许范围，同时，由于科技的进步，人类又可以借助技术突破资源的局限，扩大经济的产出，因而人的行为又可以突破自然的限度，进而满足更高层次的需求。但人对自然的无限索求反过来限制了人自身的发展，因此人的行为与自然是相互作用与制约的过程。人的行为首先是基于一定的自然条件，而在人的行为突破自然条件之后，又会受到自然的反作用，因此人的行为与自然必须保持动态的平衡。人通过自己的行为对自然进行资源消耗，实现自身的发展；人的发展又可以促进对自身污染和废弃物的处理，从而减少对环境的破坏；同时人还可以借助科学技术、利用非物质资源，减少对物质资源的消耗或者通过改进环境的承载能力，实现人与自然在更高层次的均衡，实现人的行为与自然发展的同步。

（三）处理好人与自然的关系是可持续发展的内在要求

　　可持续发展是指人对资源的消耗与人的发展相匹配，同时资源的回生容量不被破坏，从而保证人与资源在发展时间与空间上的延续，因此人的发展过程是客观自然与人自身动态平衡的过程。人首先以一定的物质世界作为生产、生活的基础，人的生存首先依赖于自然世界；同时由于人的生产活动具有主观能动意识，因此发展到一定阶段，人类会以自身的需求超越自然依赖，即将人的发展与自然世界相分离，以对资源的消耗作为人的发展的条件与前提，从而将人与自然摆在了相对立的位置，人与自然也由相互依赖转变为人凌驾于自然之上的关系。这表现为对资源的无限制消耗以及对自然环境的过度污染与破坏，人的科学技术的发展超过了自然的实际承载能力，从而导致资源成为人的继续发展的边界，同时日益恶化的环境也直接制约了人的发展。因此人与自然首先必须是平等的，即人的发展只不过是自然发展的组成部分，人的发展必须遵循自然发展的规律，这既是自然发展的要求，也是人要实现自身发展的必然选择。

　　人与自然关系的可持续发展，首先表现为对资源的利用。资源的存在为人的需求提供物质可能，即人可以对资源的开采与加工获取自身所需的效用，同时资源本身有被消耗、再恢复的过程，即具有周期性，因此对资源的消耗具有时间和空间的限度。为了消除人的需求与资源限度之间的矛盾，可以借助技术加大、加深对资源的开采范围以及利用程度，同时更多地创新资源，借助可再生资源、非物质资源，从而扩大能源的种类，减低对物质资源的依赖，从内涵的方面发展能源，这会更有利于实现人自身的持续发展。其次，人与自然关系的可持续发展表现为对污染和废弃物的处理。自然本身具有自净功能，即可以通过自身循环吸收、消化一部分污染，但如果污染超过了自然的承载容量，那么便会导致环境的恶化，从而威胁人的发展。污染首先是加大经济活动的成本，即由于污染的存在，人类对可用资源的开采难度加大；同时污染直接危及人的生存，由于环境恶化所直接造成的疾病伤亡远远超过了其经济产出。另外，为了维持继续生产，人类必须耗费一定的成本来进行污染的治理，而由于污染的危害一部分是显性的，而相当部分具有滞后性，其潜在的隐性成本根本无法用单纯的经济指标来进行计量与补偿，因此污染的成本远超过排污费或者治理污染投入的计价，而这正是自然反作用于人自身的结果，即人对自然的破坏最终会导致对人自身的损害。

我国一直高度重视资源节约和生态环境保护工作，强调在开发自然、利用自然的过程中，人类不能凌驾于自然之上，人类的行为方式应该符合自然规律。在生态文明建设方面，必须摒弃人定胜天的思维方式，生产力布局、城镇化发展、重大项目建设都要充分考虑自然条件和资源环境承载能力，形成人与自然"和谐共生"的新格局。

二、绿色发展有助于开拓新的增长领域

（一）绿色发展是中国发展转型升级的战略抉择

进入 20 世纪 90 年代后，我国相继形成和提出了可持续发展、循环经济、科学发展、两型社会、低碳经济、生态文明等理念；党的十八届五中全会提出实现绿色发展，在发展问题上实现认识新升华。绿色发展是对未来发展理念的最高概括和战略抉择，更具有现实针对性和长远指导意义。

（二）绿色发展是关系我国发展全局的科学发展理念

理念作为思想理论的先导，是规律性认识的凝练与升华。在经济社会发展的规划中，绿色发展首次作为五大发展理念之一被纳入并系统化。绿色发展理念是古今融合、东西交汇的新的发展理念，既是人民主体地位的具体体现，又是社会主义核心价值观的重要内容，更是共产党人对社会主义本质不懈追求的现实表达，是将生态文明建设融入经济、政治、文化、社会建设各方面和全过程的全新发展理念。

应准确把握我国经济社会发展阶段性特征的科学发展理念。科学发展理念是理性反思时代问题得出的科学结论。绿色发展理念以人与自然和谐为价值取向，以绿色低碳循环为主要原则，以生态文明建设为基本抓手。绿色发展理念的提出，体现了我们党对我国经济社会发展阶段性特征的科学把握。走绿色低碳循环发展之路，是调整经济结构、转变发展方式、实现可持续发展的必然选择是，准确把握世界生态文明发展潮流的科学发展理念。科学发展理念是准确把握时代的思想结晶，是时代精神的内核。当今时代，"环球同此凉热"，各国已成为唇齿相依的生态命运共同体。

建设生态文明成为发展潮流所向，成为越来越多国家和人民的共识。以此为认识基点，我国不但就推进生态文明建设做出系统的顶层设计与具体部署，而且将其上升到国家发展战略的高度，鲜明地提出绿色发展理念。为维护全球生态安全，我国积极参与国际绿色经济规则和全球可持续发展目标制定，积极参与国际绿色科技交流。

第三节　绿色发展理念的科学内涵

一、绿色发展的概念和特征

（一）绿色发展的概念理解

绿色发展是以资源节约、环境友好、生态保育为主要特征的发展（理念、路径和模式）。由绿色经济、绿色社会（绿色社区、绿色机关、绿色学校等）、绿色政治（绿色考核、保护自然等）、绿色文化（尊重自然、顺应自然、保护自然的文化）等共同构成。

绿色发展的核心是绿色经济，绿色经济是以资源节约、环境友好、生态保育为主要特征的经济形态。绿色经济，由绿色产业、绿色金融、绿色财政、绿色投资、绿色消费、绿色贸易等共同组成，是一个复杂的巨大系统。

绿色发展的体系涉及以下方面：

第一，绿色产业或绿色生产体系。重点强调对传统工业进行绿色化改造，大力发展循环经济，推行清洁生产，发展绿色企业；重点培育和发展节能环保、新一代信息技术、生物、高端装备制造、新能源、新材料、新能源汽车等产业；大力发展生态农业、生态旅游业、绿色生产性服务业和生活性服务业，切实提高资源效率，保证资源经济利用。绿色标识、绿色产品（绿色食品、绿色建筑等）、绿色服务是绿色产业体系的重要内涵。

第二，绿色流通或绿色物流体系。重点强调提高运输服务水平，将产品和原材料在储存和运输过程中产生的挥发、渗漏、变质、损耗等环境和人体健康的影响降到最低限度，提高货运车辆的里程利用率和吨位利用率，提高客运车辆的实载率和运输效率。

第三，绿色分配体系。强调通过再分配的形式，由政府和社会出面担负环境整治、保护修复、建设的各种生态环境建设项目，通过再分配形式平衡社会各阶层的收入，以保证低收入者的绿色产品的消费。

第四，绿色消费体系。强调牢固树立生态文明理念，倡导文明、节约、绿色、低碳消费理念，推动形成与我国国情相适应的绿色生活方式和消费模式。

第五，绿色市场体系。强调组织实施重大绿色产品和技术应用示范工程，支持绿色市场拓展和商业模式创新，完善绿色行业标准体系和市场准入制度。

第六，绿色投资体系，包括绿色财政和绿色金融。绿色投资，更加强调社会投资，更加注重资源节约、环境保育和生态保育。其中，绿色财政要求政府财政投向优先考虑节约水、土、能、矿、生等资源，优先考虑提高水、大气、土壤等环境质量，优先考虑保护自然和人工生态系统、提升生态系统的服务功能，绿色金融则在坚持市场导向的同时坚持绿色发展导向，在贷款利率、额度、偿还期限等方面对绿色发展项目进行倾斜。

（二）绿色发展的特征

绿色发展的特征表现在以下方面：

（1）人本化。绿色发展强调以人为本，经济增长要服从和服务于人的需要和发展，强调通过人与自然的和谐发展，更好地实现人类自身的健康发展。

（2）生态化。绿色发展要求建立回归自然的生产和生活方式，包括天然、优美、舒适的生活环境，安全健康的视频，绿色环保的家居、出行及自身的可持续发展等。

（3）合理化。绿色发展要求经济发展的速度要合理，规模要合理，结构要合理，过程要合理，资源环境利用要合理；要求经济社会发展全过程与自然和谐，与社会相容。

（4）节约化。绿色发展要求落实节约优先战略，促进生产节约、流通节约、分配节约和消费节约，全面实行资源能源利用总量控制、供需双向调节、差别化管理，强化资源的重复利用和综合利用，大幅度提高能源资源利用效率，提升各类资源的保障程度。

（5）高效化。绿色发展要求提高生产效率、经济效率、资源环境利用效率，绿色发展是效率最大化的发展。

（6）清洁化。绿色发展要求生产、流通、分配、消费全生命周期清洁化；要求在产品生产、加工、运输、消费全过程中，对人体、环境无损害或损害很小。

（7）低碳化。绿色发展强调社会经济发展的低碳化特征，使社会经济发展尽可能减少对碳基燃料的依赖，实现能源利用转型，减少温室气体排放。

（8）安全化。绿色发展要求经济安全、社会安全、资源安全、生态安全、环境安全，要求经济、社会与资源、生态环境风险可控。

（9）高科技化。通过大规模绿色技术的突破，要求加强科技创新能力建设和科技基础设施建设，进行二次工业革命，重构经济过程，塑造崭新的绿色发展形态和模式。

（10）低成本化。绿色发展要求与社会经济发展平衡，要考虑当前需要和未来需要，要求与建设资源节约型和环境友好型社会相结合，要求降低经济转型成本、经济发展成本、资源环境利用成本，要求低成本转型和低成本发展，要求降低繁荣的代价，进一步筑牢人类可持续发展的基础。

二、绿色发展理念的丰富内涵与理论逻辑

（一）绿色发展理念的丰富内涵

绿色发展要求积极追求科学发展、追求新型工业化，强调保护生态环境就是保护生产力、改善生态环境就是发展生产力；同时强调将生态文明建设作为开发绿色资源、积累绿色资产、拓展绿色空间的发展手段和路径，通过推动绿色发展促进经济转型升级过程中的技术创新、管理创新和文化创新，从而实现整体社会意义上的绿色发展。

从政治建设角度看，绿色发展是高层次的发展。生态文明是政治文明可持续发展的前提。绿色发展理念对执政兴国的能力和水平提出了更高要求，面对绿色发展所面临的全新问题，更需要面向未来探索符合当前中国不断变化的国情的发展路径。通过系统推进绿色发展，不仅能够使之成为推进中国国家治理能力现代化的抓手和先导，也可以成为中国融入国际治理体系的具有全球共识的重要切入点，在世界经济发展和价值引导方面发挥更大的国际影响力。

从生态环境角度看，绿色发展是可持续性的发展。绿色发展理念的核心，就是把生态

文明建设放在突出地位，将生态文明的要求融入经济社会发展全过程和各环节，逐步实现经济社会发展与生态文明水平的协同提升。绿色发展理念破除了发展与"绿色"之间的二元对立，要求实现生态文明建设与经济社会的一体化发展，从而形成经济社会可持续发展、永续发展的新路径。从这一角度来理解，绿色发展理念在经济社会发展的指导思想、实践思路中，起着基础性和先导性作用，因为只有绿色化的发展对中国、对人类的未来才具有真正现实的意义和价值。

从社会发展角度看，绿色发展是普惠民生的发展。绿色化，在强调人和社会所依赖的生态环境的生产性、发展性功能的同时，突出了生态环境对人类社会发展的生存性、宜居性功能。而确保和提升生态环境适合人类生存和生活的标准，强调满足人民群众对良好生态环境和生态产品的需求，是公平、公正给予每一位社会成员的基本权利。只有这样的绿色发展，才能确保广大人民群众的身心健康和全面发展。

从文化价值角度看，绿色发展是和谐向上的发展。文化建设在社会运转中具有排浊吐氧的绿肺功能。绿色文化是绿色发展的灵魂，包括绿色的世界观、价值观和法治文化，推进绿色生活方式和消费文化。绿色文化与绿色环境、绿色发展息息相关，既厚植优秀的中华传统文化，又吸收和融合世界的先进文化养分，在凝聚社会共识、倡导和谐向上、净化心灵以及输出中国优秀价值观等方面发挥着重要作用，是中国梦的重要组成部分。

（二）绿色发展理念的理论价值

绿色发展理念体现了中国特色社会主义发展方法论的重大创新。坚持绿水青山就是金山银山，从根本上更新了我们对于自然资源的传统认识，打破了把发展与保护对立起来的思维束缚，指明了实现发展和保护环境内在统一、相互促进和协调共生的方法论。坚持绿色发展，要有宏观视野和整体定位上把握好局部与全局的关系，搞清楚"浅绿色"与"深绿色"的区别。"浅绿色"强调局部，忽视了整体，甚至以邻为壑，譬如污染产业向欠发达地区转移就是仅仅强调了发达地区的绿色发展等。"深绿色"强调大自然是一个互相影响、互相依赖的共同体，即使是最不复杂的生命形式也具有稳定整个生物样落的作用，每一个有生命的"螺丝和齿轮"对生态系统的健康运行都是重要的；"深绿色"倡导人、社会和自然的协调和谐发展，并努力探寻环境与发展双赢的道路，倡导人类文明的创新与变革。我们坚持绿色发展，就是要坚持"深绿色"，要从人类文明进步的高度上来理解绿色发展。

（三）绿色发展理念的逻辑关联

绿色发展理念源于生态环境保护，又高于生态环境保护范畴，是贯穿当前中国发展全局的基础理念之一。从理性认识的角度看，绿色发展的立意更高，传统生态环境保护注重的是从节能减排、污染物治理的视角推进生态文明建设，而绿色发展理念围绕人与自然和谐、主体功能区建设、低碳循环发展、资源节约与利用、环境整治、生态屏障构筑等多个方面的内容，从生态文明和"绿色化"的高度对发展进行了理论阐述；绿色发展的认识更深，绿色发展理念要求把生态文明建设放在突出地位，融入经济建设、政治建设、文化建设、社会建设各方面和全过程、努力建设美丽中国，实现中华民族永续发展；绿色发展的视野也更宽，"绿色发展"不仅要立足国内，同时还必须综合考虑国际形势的发展变化，统筹国际与国内两个大局，为全球生态安全做出新贡献。

绿色发展理念与创新、协调、开放、共享发展理念有机共融，互为一体。新发展理念是一个有机整体，只有相互融合，才能共同发挥作用。创新是发展的基点，协调是发展的节奏，绿色是发展的底色，开放是发展的格局，共享是发展的目标。在实现绿色发展的进程中，创新为绿色发展提供必需的技术支持，协调是绿色发展中人与自然和谐共存的核心价值导向，开放是当前绿色发展成为全球问题的必然之路，共享是绿色发展的目标指向。

绿色发展理念是推进"五大建设"的重要指引，把生态文明建设放在突出地位，融入经济建设、政治建设、文化建设、社会建设各方面和全过程，努力建设美丽中国，实现中华民族永续发展作为一种全新的文明形态。就此，生态建设与经济、政治、文化和社会建设一道，构成了"五位一体"的总体布局，互为条件、相互促进，彼此形成了内在的互动关系。以绿色发展为支撑的生态文明建设，是推进五大建设的保障，是积极改善和优化人与自然、人与人的关系，建设有序的生态运行机制和良好的生态环境所取得的物质、精神、制度方面成果的总和。促进绿色发展，关系到社会生产和生活方式的根本改变。我们只有将绿色发展的理念、原则、目标等深刻融入和全面贯穿我国经济、政治、文化、社会建设的各方面和全过程，坚持节约资源和保护环境的基本国策，着力推进绿色发展、循环发展、低碳发展，才能为人民创造良好的生产生活环境，推动我国经济社会发展不断迈上新台阶。

三、绿色发展理念的要求和战略内容

(一)绿色发展理念的要求

绿色发展要求在发展中尊重经济系统、社会系统和自然系统的统一性。这意味着首先绿色发展不仅是自然系统的发展,而且是经济—社会—自然三大系统的有机统一,要将绿色发展融入经济建设、政治建设、文化建设、社会建设各方面和全过程。其次,在绿色发展中要树立发展和保护相统一的理念,坚持发展就是硬道理的战略思想,发展必须是绿色发展、循环发展、低碳发展,要平衡发展和保护的关系。最后,在自然系统的建设中,要树立山、水、林、田、湖是一个生命共同体的理念,按照生态系统的整体性、系统性及其内在规律,统筹考虑自然生态各要素——山上山下、地上地下、陆地海洋以及流域上下游,进行整体保护、系统修复和综合治理,增强生态系统的循环能力,维护生态平衡。

绿色发展要求在发展中充分体现自然系统的价值。这就要充分认识在绿色发展中,生态环境和自然资源都有极高的价值。这种价值必须依靠政府和市场手段相结合的方式,才能体现。在经济社会发展活动中,清新的空气、清洁的水源、美丽的山川、肥沃的土地、生物多样性是人类生存必需的生态环境,森林、草原、河流、湖泊、湿地、海洋等自然生态对于人类发展都有不可替代的价值。保护自然就是增值自然价值和自然资本的过程,就是保护和发展生产力,就应得到合理回报和经济补偿。在手段上,应当构建归属清晰、权责明确、监管有效的自然资源资产产权制度,着力解决自然资源所有者不到位、所有权边界模糊等问题,应当更多运用经济杠杆进行环境治理和生态保护,应当建立系统的环境治理市场体系,充分利用市场机制对资源的优化配置效果,深化资源性产品价格改革,建立反映市场供求和资源稀缺程度,体现生态价值和代际补偿的资源有偿使用制度和生态补偿制度。

绿色发展要求在发展过程中充分发挥不同发展主体的积极性,不同主体在绿色发展中具有不同的作用,因此应当充分调动其积极性,同时也要防止主体的越位与缺位,其一,绿色发展要求实现跨越式发展,因此政府负有主导职能和监管职能,这就要求建立符合绿色发展的评价体系、监管制度、考核办法、奖惩机制,使资源消耗、环境损害、生态效益等指标都能被纳入社会经济发展的评价系统之中。其二,绿色发展要解决市场的外部性,这就要求发挥市场主体的积极性和自我约束作用,因此应当注重构建反映市场供求和资源稀缺程度、体现自然价值和代际补偿的资源有偿使用和生态补偿制度，着力解决自然资源及其产品价格偏低、生产开发成本低于社会成本、保护生态得不到合理回报等问题，构建更多运用经济杠杆进行环境治理和生态保护的市场体系，着力解决市场主体和市场体系发育滞后、社会参与度不高等问题。其三，绿色发展要求实现全面发展，这就要充分发挥社会组织和公众的参与和监督作用，特别是在十八届五中全会之后，这标志着进入了一个全民绿色发展的新时代，应在全社会树立生态文明新风貌。

（二）绿色发展理念的战略内容

绿色发展理念的战略内容包括以下方面（见图1-1）：

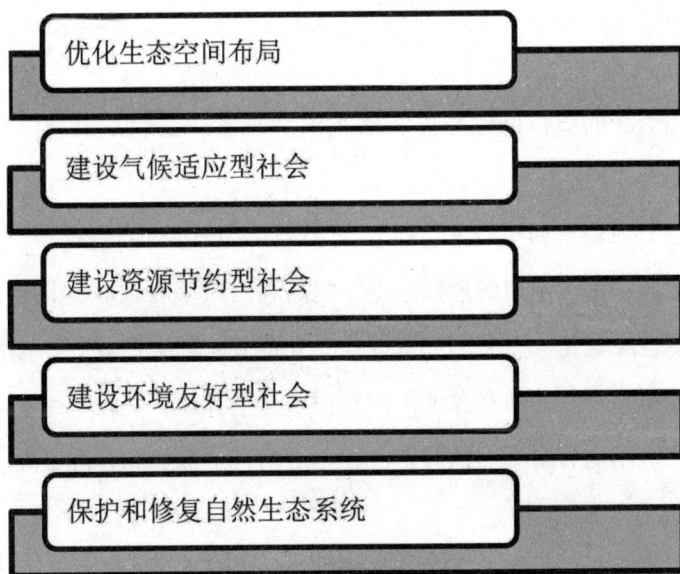

- 优化生态空间布局
- 建设气候适应型社会
- 建设资源节约型社会
- 建设环境友好型社会
- 保护和修复自然生态系统

图1-1 绿色发展理念的战略内容

1. 优化生态空间布局

加快推进主体功能区战略。推动优化开发、重点开发、限制开发、禁止开发的主体功能区布局总体形成，通过规划图和功能区目录，对发展方式进行空间调控，推动各地区根据主体功能区定位分类发展、分类考核，提供不同类型的产品（工业品、农产品、生态产品等）。以主体功能区规划为基础统筹各类空间性规划，推进"多规合一"，在主体功能区战略中，着重以空间治理和空间结构优化为主要内容，建设全国统一、相互衔接、分级管理的空间规划体系。在主体功能区战略中，着力推动落实以规划为基础、以用途管制为主要手段的国土空间开发，协调城乡之间、区域之间的发展关系，从经济、政治、文化、社会、生态综合发展的角度，构建科学合理的城市化格局、农业发展格局、生态安全格局。同时，对海洋资源的开发和对国家海洋权益的维护，也将纳入生态文明空间布局的构建之中。

2. 建设气候适应型社会

推动低碳循环发展的核心目标是控制碳排放总量，尽快进入碳排放"绝对减排"阶段。这就要求充分与国际社会合作，积极调整能源消费结构，提高非化石能源的消费比重，提高能源利用效率，实现承诺的温室气体减排目标，积极增加碳汇，积极应对全球气候变化；另外，将循环经济与"创新驱动发展""经济结构调整"战略紧密结合，重视科技创新，实现新型绿色工业化，推动能源生产和消费革命，发展经济，推动资源利用方式根本转变。这包括建立全社会资源循环体系。

3. 建设资源节约型社会

节能高效利用资源的核心目标是控制能源消费总量，控制水资源、建设用地利用总量，实现总量和强度双控。

这就需要通过节约集约利用资源，推动资源利用方式根本转变，加强全过程节约管理，大幅度降低能源、水、土地的消耗强度，提高利用效率和效益。从生产、流通、消费的全产业链角度促进减量化、再利用、资源化。支持节能低碳产业和新能源、可再生能源发展，确保国家能源安全。加强水源地保护和用水总量管理，建设节水型社会。严守耕地保护红线，严格土地用途管制。加强对矿产资源的勘查、保护和合理开发。

4. 建设环境友好型社会

向污染宣战，其核心目标是主要污染物排放总量大幅度减少。中国将在环境保护中继续紧抓总量控制代表的污染物排放减排工作，仍须继续"大幅度减少"，同时要扩大主要污染物减少指标的范围，如将总氮、总磷和挥发性有机物排放量作为约束性指标。进一步推动生态环境质量总体改善，特别是要将影响人民身体健康、切身利益的突出环境问题作为首要矛盾，包括改善重点流域水污染状况，监控和防止 PM10、PM2.5 为重点指标的可吸入颗粒物，扭转土壤重金属污染情况。

5. 保护和修复自然生态系统

建设生态安全屏障的核心目标是全国生态系统稳定性明显增强，生态安全屏障基本形成。这包括实施重大生态修复工程，增强生态产品生产能力，推进荒漠化、石漠化、水土流失综合治理，加大水利建设力度。

绿色发展意味着在思想认识、理念框架、政策支持和机制构建等各个方面的发展全面转型，绿色发展成为中国未来发展的指导纲领，昭示着中国在政治生态、文化生态、社会生态上的独特性，能够相互协调、共同作用于中国的自然生态系统，构建中国独特的生态文明之路。

第四节　绿色发展理念的内在价值

随着社会经济的发展，人民生活水平日益提高，在经济发展与环境保护之间存在的不相适应的状况，要求将绿色发展理念贯穿于社会的方方面面，需要在自然、经济、社会、国家、个人之间做出客观且科学的价值选择，以此为指引不断探索绿色发展理念的内在价值意蕴，将绿色发展理论与实践活动相统一。

一、经济价值与生态价值的统一

（一）绿色发展是社会财富，又是经济财富

在人类社会的发展过程中，经济发展具有基础性地位，为整个社会发展提供动力支撑。经济发展引擎的牵动力，为社会多元发展提供了更多的可能性，在社会发展各方面起到了重要的保障作用。经济财富的积累在物质生活的提高中起到巨头作用，意味着生活水平的提高，为社会整体发展提供了更多的可能性。为应对经济发展与社会整体发展的有效选择，绿色发展为做出更加科学的价值选择提供了全新方案，指出经济发展为自然生态的保护提供了永续性，保护生态即发展经济，发展经济有利于更好地实现生态保护与恢复。

随着社会经济的不断发展，在不断满足物质生活的过程中，对美好生活的向往呈现出丰富的内涵，出现多样化、多层次的生活需求，对美好生活环境的追求成为人民的首要目标。绿色发展是经济财富和社会财富综合发展的体现，蕴含着丰富的思想内涵，改变了传统的经济发展模式，创新了高质量绿色发展新路径。此外，绿色发展并不是要求停止产业发展进行环境保护，更多的是助力于产业发展新目标，不断增强社会生产力的产出率，创造长效性的经济财富和社会财富。新时代绿色发展不仅是一种经济增长模式，也成为社会新型发展方式，高效度、促和谐、可持续成为其发展目标。正确认识绿色发展是社会财富

和经济财富的集合，有效带动人民群众更加自觉地落实绿色发展理念，最终超额完成绿色发展过程与结果的统一任务。

（二）绿色发展是自然财富，又是生态财富

绿色发展是自然财富和社会财富的进一步升华。在不断创造自然财富和生态财富的过程中，立足绿色产业的发展，严格实施降碳要求，用经济手段保护生态、发展生态，终会将绿水青山转变为金山银山，实现绿水青山和金山银山共建的目标，最终分步骤实现绿色发展的整体要求。在绿色发展格局的部署下，提升自然生态产业的生产力发展，树立自然保护与财富创造相统一的目标，最终实现人民美好生活向往的绿色目标。

（三）绿色发展是多元整体的综合效益

绿色发展以人与自然和谐共生为价值目标，在经济发展的各方面和全过程在遵循自然发展规律的基础上兼顾生态效益的提升，要求实现绿色发展核心理论指导下经济发展与生态效益两翼齐飞，在生态良好的基础上实现最大限度的发展，注重绿色发展的可持续性和整体性，创造绿色经济、绿色政治、绿色文化和绿色社会多元整体的综合效益。

绿色发展新格局以实现"人与自然和谐共生"为终极目的，在绿色发展理念的指引下，不断培养人民绿色发展的意识形态的构建，使得绿色发展理念真正地深入人心，反作用于社会实践的方方面面，发挥绿色发展的总抓手作用，以实现社会主义现代化强国为目的，以解决我国的生态问题为旨趣，以当前生态国情为基础，立足于实现社会整体的综合效益，走出一条具有中国特色、民族特色和时代特色的绿色发展之路。

绿色发展作为综合性发展体系，要想有效创造多元整体的综合效益，就必须构建完善的绿色发展系统，从绿色发展理念的完善到绿色发展产业的构建，再到绿色保障制度的制定与实施，按照符合自然发展规律与社会发展要求充分发挥内外联动作用，最终创造社会主义现代化强国综合效益，以绿色发展为努力方向，实现人民美好生活的愿望。

二、国家发展与人民福祉的统一

（一）绿色发展是实现国家高质量发展的重要组成部分

2021年政府工作报告提出的绿色发展指标，显示出"我国坚持走生态优先、绿色发

展之路，是满足人民日益增长的优美生态环境需要的有效途径"①。推进绿色质量构建与国家高质量发展这一战略目标是部分与整体的关系。国家的高质量发展蕴含着众多方面的提质增效要求，不仅仅只是经济的高质量发展，更重要的是注重中国特色社会主义现代化强国的高质量建设，国家的高质量发展是在国际国内双循环格局中屹立的强国发展，是体现五大发展一体化的新机遇。推进绿色建设的高质量发展在国家高质量发展是部分与整体的体统构建。国家高质量发展指引绿色发展，而绿色发展是国家高质量发展的重要组成部分，占国家发展的基础性保障地位，二者相辅相成、相互促进。推动经济高质量发展变革是人民优渥生活的保障，而绿色的高质量发展是新时代社会主义矛盾的重要解决路径，扩大绿色的高质量发展的普遍性，建设资源节约、环境友好的绿色发展体系，才能使人民获得蓝天、绿水、清风的良好的生态环境的需求被逐步满足。

绿色发展，重在强调绿色与发展相统一，关系到整个社会乃至全球的发展全局。绿色发展的有效落实既是现在人类命运共同体可持续发展的重要保障，也是实现我国高质量发展的重要方式。从整体发展来看，我国在绿色发展和绿色治理方面取得了显著成效，但是依旧不能放松警惕，环境问题的治理需要我们特别关注，应做好打持久战的准备。环境的修复与保护是功在当代、利在千秋的大业，不容放松警惕。

巩固绿色发展的实效，需要始终坚持以人为本。寻找经济发展与环境保护的着力点和平衡点，是经济社会持续健康发展的重要保证。要想实现绿色与发展的高度融合，改变传统的经济发展方式至关重要，进行绿色化的产业改造，实现以最小的环境代价创造最大的社会发展利益，这就要求不断增强绿色发展科技的应用和相关优秀绿色发展"特派员"的实际指导，培养专业化新型绿色发展专业性队伍。环境就是生产力，实现环境保护与经济发展的协同发展，加快发展方式绿色转型，在"碳中和"发展背景中持续改善生态环境，推进我国社会经济的高质量发展。

（二）绿色发展是提高人民获得感、幸福感、安全感的发展之基

"十四五"期间要继续加强生态文明建设，始终坚持以人民为中心，不断提升人民生活的获得感、幸福感、安全感。人民群众既是历史的创造者，也是绿色社会发展的主力军，要充分调动人民群众投入绿色发展的建设当中，将绿色发展理念转化为实实在在的绿色成果，在实践中增强人民群众在绿色发展过程中的获得感、幸福感、安全感。关乎民生

---

① 韩宇辰. 让绿色成为高质量发展的底色 [N]. 人民日报，2021-03-09.

福祉的绿色发展不仅是优美的生活环境，更重要的是优质绿色产品的创造与投入，优美的生活环境是人民追求的宏观性要求，而优质的绿色产品是健康生活的必要要求。适应新时代社会主要矛盾和变化，要提供更多优质生态产品，不断满足人民日益增长的美好生活的需要，把良好的生态环境视为惠及人民的好福利。坚持走生态优先、绿色发展之路，不断满足人民生活的需要，在过程中要始终保持理性认识。可以通过落实绿色发展理念，以改善生态环境质量为基础完善生态环境优化机制，把解决突出生态环境问题作为民生领域的重要问题。可以通过制度和法律手段，加快补齐生态环境短板，让人民群众在优美的生态环境和优质的绿色产品中感受到获得感、幸福感、安全感。

（三）绿色发展是社会全面发展的必由之路

绿色发展理念将个人、国家和社会相统一，将政治、经济、文化、生态和社会相统一，既包含美丽中国目标的建设，又是我国社会主义现代化强国战略的前行之路。在国际国内联动发展的大格局中，绿色发展关乎国家整体，国家整体的绿色底气越来越成为衡量一个国家发展进步的重要指标和国家底气。绿色生产方式是社会生产力转型发展的关键，应该调整产业结构，应用科学技术水平推进产业绿色发展，构建绿色化发展新型产业，从整体产业结构的协调中推进绿色发展，实现降碳目标。绿色发展有利于人民群众的健康生活质量，关乎人民权利与义务的正常履行。绿色发展的最终目标是国家的发展、社会的发展、人民生活水平的同步发展。

绿色发展蕴含着经济、政治、文化、生态和社会五位一体的整体格局，立足于整体的全面发展。随着国家的绿色发展，人民的收入水平也在提高，面对经济发展的巨大下行压力，绿色发展不仅可以摆脱发展对资源的依赖，还可以创新培育一批新兴产业，为经济发展提供更多绿色就业机会。

绿色政治的构建，除了绿色政策的优化制定以外，将绿色发展理念运用于政治运行过程，绿色通道和程序简化的构建与完善无一不体现了绿色的"减"性。绿色文化的宣传教育，对人民群众起到潜移默化、深远持久的影响，绿色理念的深入人心，不断激发民众的绿色价值审美。在绿色经济、政治和文化的共同作用下打造绿色社会，推动社会全面发展，发挥现有自然环境优势，将绿水青山转变为财富，将生态保护与社会发展相统一，更好地巩固全面小康社会的建设成果。

三、人类发展与自然永续的统一

（一）绿色发展是推动人类文明进步的重要动力

绿色发展理念主张在以人为本、和谐共处、互利共赢的基础上，自由协调人与自然的关系。首先，人与自然是一体的，二者相互依赖，共同发展。自然为人类社会的发展提供物质资源和生产生活动力，而人类对自然具有能动作用，在顺应自然发展规律的基础，可以改变自然条件来使其符合人类社会发展的要求。人类与自然是生命共同体关系，具有一致性。其次，绿色发展具有长期性。绿色发展对于自然和人类社会具有持久和长期发展要求，绿色发展影响具有深远持久的意义，为后代子孙打造绿色地球，将是人们留下的最重要的遗产。绿色发展是推动人类文明从政治文明向生态文明飞跃式发展的重要动力，将是绿色生态革命号角奏响的前奏。

（二）绿色发展是实现自然永续发展的关键所在

"建设生态文明是中华民族永续发展的千年大计"[①]，我国的生态文明发展之路正是在实践的基础上，在科学理论的指导下，正确应对和处理环境问题而形成的一条永续发展之路，具有独特价值。绿色发展理念一方面表现为人与自然的和谐。另一方面表现为经济发展与生态环境保护的和谐，在平衡两对关系中力求达到的和谐程度，推动永续发展道路的逐渐实现。

中国特色社会主义生态文明发展道路是中国特色社会主义道路的重要组成部分，是中国共产党对生态文明建设不断探索的产物。马克思主义生态观为其形成提供理论根基，中国传统自然思想为其形成提供文化底蕴，西方社会生态理论为其形成提供理论借鉴，无不强调绿色发展是实现自然永续发展的关键所在。中国共产党的领导人正是在这样丰厚的理论渊源之上，将其中蕴含的和谐发展理念作为根本遵循，与中国的生态国情相结合，将绿色发展理念作为社会可持续发展和国家高质量发展的基础，逐步走出了一条成熟完善的绿色发展道路。绿色发展道路的形成既立足于前人的理论，又不断实现新突破，开辟了当代社会发展的新方向，在充分利用科学技术强大动力的基础上提高自然资源的利用率，加强生态环境建设，同时彰显了社会主义制度的优越性，提升了中国的国际影响力。从整体上

---

① 彭东昱. 生态文明建设是关系中华民族永续发展的根本大计 [J]. 中国人大, 2018 (14)：20-21.

把握这一道路形成发展的理论渊源及其价值彰显，能够增强中国人民建设美丽中国的道路自信，不断将生态文明道路推向前进，是实现永续发展的关键所在。

（三）绿色发展是实现人类命运共同体的重要保障

我国绿色发展理念的提出为地球人和自然环境共同体的构建提供了中国方案，要求在人类命运共同体的指引下全世界人民能够团结一心，为创造良好的地球环境而做出共同的努力。

作为构建人类命运共同体的具体要求之一，推进全球绿色发展走向现代化，是全人类的共同愿景，将更好地实现科学技术、经济全球化和绿色革命时代的有机结合，有利于构建以美丽中国为范例的美丽地球，是世界和平发展主旋律的必然选择，有利于突破全球资源需求矛盾的发展制约，形成美丽、友好的国际格局。

中国特色社会主义生态文明发展道路可以简单地理解为"具有中国特色的""社会主义的""生态文明的"发展道路，是中国共产党人带领中国人民，以实现社会主义现代化强国为目的，以解决中国的生态问题为旨趣，以当前的生态国情为基础，立足于实现人民福祉和民族未来，走出一条具有中国特色、民族特色和时代特色的生态文明之路。绿色发展道路是中国在国际中熠熠生辉，将绿色发展定位为惠及全球的战略，表现出我国的大国形象和国际责任意识。人类的所有活动都依赖于生态系统的和谐运转，全球化的绿色发展既是世界发展的大势所趋，也是各国利益的汇合点。

在人类命运共同体的引领下，中国一直致力于全球环境治理，坚持绿色发展的价值取向，着眼于人类的可持续发展，将建设"美丽中国"与"美丽世界"建设相结合。世界地球村只有共同努力，才能在全球范围内谋求绿色发展，这是全球可持续发展和人类命运共同体的重要保障。

中国提出并践行绿色发展理念，走绿色发展道路，传递着人与自然的内在价值诉求。绿色发展理念是在我国实践探索和经验教训总结中提出的符合实际的优秀理论成果，实践决定认识，认识反作用于实践，在绿色发展理念的指导下我国以实际行动来诠释绿色发展的重要性，并从全方位解读其深刻内涵，从全球发展视角把握绿色发展战略的前瞻性。

第五节　我国实施绿色发展的机遇

一、绿色发展开启机会之门

如果中国能够抓住绿色发展的机遇，则低碳、资源节约和环境友好的 2030 年绿色中国的愿景就会呈现。

第一，"绿色"成为经济增长的重要源泉。绿色产品和服务在国内生产总值中的比例居于世界领先水平。

第二，中国在一些关键的绿色技术以及商业模式上占据世界领先地位，并成为吸引全球绿色技术产业化的洼地。

第三，低碳发展取得实质性进展。经济发展对碳排放的依赖大大降低，碳排放达到峰值。

第四，中国成为世界上采用环保标准最严格、覆盖领域最广的国家之一。绿色标准全面渗透到经济、社会各个领域。

第五，建立资源节约型社会。在生产、消费和流通的所有环节，中国的资源效率均处于国际先进水平。

第六，中国的城市具备低碳、智能的交通系统和建筑。城市达到国际上宜居城市标准。

第七，空气质量、水和自然生态系统质量均大幅改善。自然环境的恢复将大大提高公众健康和自然资产水平。

第八，低碳生活方式在衣食住行等领域全面普及。

第九，在经济社会的各个方面采取积极行动，减少气候变化带来的风险，包括水、农业、城市和健康等方面的风险。

二、"绿色"成为增长之源

（一）绿色增长的发生

绿色发展根本上依靠市场驱动。实现绿色发展的前提条件是具备完善的市场机制。其中，政府通过政策组合、规制和投资来充分发挥作用，校正环境方面的市场失效。一旦政府采取行动充分履行其公共职责，则市场会相应地做出反应，以减少环境和社会方面的成本。这些会推动社会资源逐渐向符合绿色发展方向的产业和服务配置。具体而言，"绿色"成为新的增长来源，主要表现在以下三个方面：

1. 传统部门的绿色化改造

大量已有的常规技术和管理模式，不仅可以减少能源消耗，还可以提高公司的盈利水平。虽然传统部门的绿色改造不如少数前沿绿色技术那么具有戏剧性和革命性的效果，但在信息和金融的帮助下，很多提高能效的投资可以节省成本，并产生高经济回报。这些效率的改进可以促进经济增长。

虽然目前有些新的绿色技术成本仍然较高，但很多已有的绿色技术和管理办法，实际上已经可以通过降低能源和其他投入成本来取得回报，帮助中国缩小同高收入国家能源强度的差距。一些旨在提高绿色技术和产品投资回报的政策和投资，可以直接起到促进增长的效果。这些"无悔"的绿色投资的直接好处是减少每单位经济活动使用的化石燃料量。此外，它们往往会产生额外的"协同效益"，增加经济价值，包括：①改善当地空气质量，从而减少同空气污染相关的呼吸疾病花费；②降低相关行业基础设施面临的约束，比如交通和水；③减少对进口的依赖，换句话说，这些节约成本的能效投资和可再生能源投资，可以降低生产成本、减缓温室气体排放，并提高公众健康水平，产生"三赢"的结果。这些"无悔"的措施，有助于同时提高增长的数量和质量。

2. 新兴绿色，产业扩张

新兴绿色产业包括太阳能、风能等清洁能源，及其上下游产业，比如相关的装备制造和电动汽车等。广义而言，凡是由创新和研究支持的新市场和激励，都可能刺激低碳、资源节约和环境友好的技术和商品的出现以及出口。此外，不断提高的公众意识，有助于消费需求转向绿色产品。

凡是具有低排放、低污染特征的产业均可以归入绿色产业的范畴。绿色产业最具体的例子是清洁能源。其中，太阳能、风能、生物质能和水电已在较大规模上实现了商业化。

不仅如此，很大程度上得益于大规模的产业化，中国新能源技术进步和成本下降的速度更是超出预期。在可再生能源领域，风能设备和光伏发电成本在过去五年大幅下降。煤电和风电的上网价格已非常接近（低于每千瓦时 0.50 元人民币）。按照这个长期趋势，火电和光伏发电的价格将非常接近。同样地，包括生物质能、海洋能源、页岩气、煤层气、汽化煤等在内的清洁能源的成本也会持续下降。

世界范围内风能、光伏发电、海洋能、电动/混合动力汽车，以及照明能效技术的专利申请数的大幅增长，说明清洁能源技术正在快速进步。在全球创新趋势中，中国居于突出地位。

"绿色"显然会创造就业。同时，"绿色"也可能给一些行业带来更高的成本，意味着国家对一些产业进行限制并会产生失业。而且政府采取的减排和环保行动会带来价格和生产模式的变化，从而对经济产生冲击。时间越长，对"绿色"技术的定义越宽泛，则绿色发展对就业的正面影响就越大。

3. 服务业部门扩张

尤其是新兴绿色服务部门扩张，与新的绿色产品出现和消费习惯改变相辅相成的是服务部门的扩张。服务业在 GDP 中比重的提升，不仅有助于降低经济的碳强度，专业化的服务更是为绿色发展提供支持。比如，生态补偿服务、碳资产管理服务、碳交易、合同能源管理等。

绿色转型对服务部门会产生两方面的影响。第一，它会催生新兴绿色服务业，比如，生态服务补偿（PES）、碳资产管理服务、碳交易，以及合同能源管理（EMC）等。第二，它会支持中国的经济转型，以摆脱对制造业的过度依赖，并促进服务部门的扩张。随着中国制造业可能很快接近甚至超过高收入国家的效率，服务部门的这两种趋势，对于降低中国的碳排放至关重要。

中国的新兴绿色服务部门的重要性已不可忽视。在一些贫困地区，生态补偿服务成为一个快速成长的行业。这些地区的农民依靠维持生态也能得到报酬，而不是像过去那样完全靠卖木材或农产品得到报酬。

长期来看，中国服务业的增长，取决于政府放松管制的改革进程，取决于知识产业和中等收入阶层日益兴起带来的消费模式的变化；服务业比重的提高，会显著降低中国的排放强度。

（二）欠发达地区的新机遇

绿色发展为相对欠发达的中西部地区实现追赶，从而降低中国的地区间差距提供了一条新途径。由于经济"欠发展"，欠发达地区的生态环境和人文资产反而幸运地得到了较好的保存，成为经济发展的优势。随着中国高速铁路、高速公路、物流体系、互联网、通信技术等快速发展和普及，经济发展的空间概念以及人们的生活方式正在发生急剧变化。通过同发达的外部市场直接联通，欠发达地区宝贵的环境资产就有可能转化成巨大的经济收益，使其经济在不牺牲环境的条件下获得发展。

一些欠发达地区正在利用这种优势，通过新的方式发展经济。比如，发展高附加值农业、生态度假、文化旅游、培训和会议、疗养中心、艺术等。尤其是，一些新的商业模式，比如，特许经营和连锁经营组织模式，可以将教育程度相对较低的劳动力直接卷入发达的分工体系，使其劳动生产率得到大幅提高。生态补偿服务和开发新能源，也是欠发达地区发展的重要机会。比如，在中国的一些贫困地区，农民从过去靠"卖木材"转变为"卖生态"赚钱，就是发展方式转变的一个例子。在中国其他一些地方，各种不同的绿色发展模式也正在不断涌现。贫困地区因地制宜探索不同的绿色发展模式，不仅对中国具有重要意义，而且对世界其他国家贫困地区的发展也具有现实意义。

除了收入水平之外，人类福利还包括良好的健康、生活质量和清洁的环境等内容。虽然这些内容在传统 GDP 中未能充分反映，但它们也可以被测度。提升"增长的质量"意味着，在提高人均收入的同时，全面或部分地提高这些福利指标。绿色发展可以在一定程度上提高人们的福利水平，改善环境的投资对经济增长也具有长期的好处。经济增长和环境质量提升之间，其实可以形成一种相互促进的良性循环。

三、"绿色"提升中国的增长质量

（一）提升环境质量

对于中国的持续发展和福祉来说，这一点至关重要。严格的环境政策不但不会阻碍经济增长，反而会刺激经济扩张，而那些预防性的环境政策对经济的促进作用更强。这意味着，经济增长和环境质量改善之间，可以形成相互促进的良性循环。

（二）环保投资的巨大收益

长期来看，为提高环境质量，中国政府用于与环境有关的支出，以占 GDP 比例来衡量，至少应比现在水平高 0.5 个百分点。中国增加的所有环保支出，不仅应包括减少污染的支出，也应包括为保护和恢复其生态系统的支出。

（三）提高适应气候变化的风险抵抗力

绿色发展对于提高中国发展质量的另一种好处是，增强对气候影响的抵抗力。中国的气候已经发生变化，而这些变化正在加速。即使考虑目前对于未来气候变化影响的程度和性质在科学上的不确定性，对于可持续发展来说，为可变的、不可预知的未来极端气候做好准备，也是发展的一个先决条件。更好地应对风险和不确定性需要采取相应的规划和投资，这是中国将气候变化充分纳入经济管理体系的一个重要理由。

通过绿色发展来有效管理未来风险的制度、规划程序和政策，均会增强中国经济应对气候变化的能力。这样中国将能缓解恶劣天气造成的损害且能迅速恢复，并及时抓住在这些情况下出现的新的发展机遇。比如，喜马拉雅高原上长期融化的冰川，将给水资源保护及储存技术带来巨大挑战和机遇。其他的农业、建筑设计和基础设施设计等部门，也会给国内和国际带来新的发展机遇。

第二章 新时代绿色发展的现实基础

第一节 绿色发展的理论基础

一、广义生态论是狭义生态和广义生态的内在统一整体

1866 年，德国生物学家海克尔首次提出"生态学"概念。1935 年，英国生态学家坦斯勒提出"生态系统"的概念。无疑这里的"生态"一词是生态学与生态系统意义上的生态，即自然生态，我们可以把自然生态称为狭义生态论。按照生态马克思主义经济学哲学观点，生态系统首先要表达的是人与自然之间的生态关系，人与自然之间应当是和谐协调、稳定安全、健康运行与可持续发展，是一切生态系统存在发展所呈现的极致境界。在此，"生态"一词即使突出了人与自然之间的生态关系和谐协调发展，也必然把人与自然作为一个整体来认识的含义，并要求它在人类社会的生产方式、生活方式、经济社会结构和精神文化价值观上都体现出人与自然和谐协调的发展关系，也就不得不处理人与人、人与社会、人与自身的和谐协调发展关系。因此，我们必须对生态做广义理解，它是狭义和广义的生态的内在统一，我们称为广义生态论。"所以，我们完全可以说，生态是狭义生态和广义生态的内在统一。正因为如此，我们可以对生态做出这样的概括：生态是自然和人类世界的所有生命和非生命之间形成的生存发展关系与呈现的存在状态，依据生态马克思主义经济学哲学关于自然、我、社会复合生态系统整体性观点，生态是自然生态、社会生态、人体生态的有机统一整体，这就是刘思华先生提出的广义生态论。"① 这是生态马克思主义经济学哲学的基本观点，是"中国智慧"创立的绿色发展学说的重要理论。

自"生态学"与"生态系统"概念提出的 80 多年来，尤其近 40 年以来，"生态"这

---

① 方时姣. 生态文明创新经济 [M]. 北京：中国环境出版社，2015：246.

个词所涵盖的思想与内容已经渗透到人类生存发展实践活动的各个方面、各个领域，显示出人类认识和理解一切生命与其生存和发展的自然环境构成的存在关系的质的飞跃，并成为人类文明发展已经进入非生态生存和非生态创造的工业文明走向衰落的一个象征。21世纪，人类文明发展开始迈向生态生存和生态创造的绿色转型的生态文明新时代，离开人与自然和谐协调的生态发展就没有经济社会全面协调可持续发展可言，更没有人的可持续生存与全面发展可言。在这里，自然发展和生态发展的本质是一样的，两者可以看成同义词。因此，生态发展尤其是广义的生态发展或广义的自然发展是一个十分广泛的概念。从生态学来看，狭义的生态发展是指生态系统的生存发展，这是自然发展的生态学表述。从生态哲学来看，广义的生态发展是指"自然、人、社会"有机整体和谐协调发展。从生态经济学和可持续发展经济学来看，生态发展是指把生态当作经济系统或生态经济社会复合系统运行的内在变量，创造更多的物质与能量和生态财富，使其系统增加资本的存量和提高生态资本的质量，实现生态经济和谐协调发展，确保生态经济社会有机整体全面和谐协调可持续发展。这是生态经济社会有机整体绿色发展的真谛。就此而言，刘思华先生把绿色发展表述为："以生态和谐为价值取向，以生态承载力为基础，以有利于自然生态健康和人体生态健康为终极目的，以追求人与自然、人与人、人与社会、人与自身和谐发展为根本宗旨，以绿色创新为主要驱动，以经济社会各领域和全过程的全面生态化为实践路径，实现代价最小、成效最大的生态经济社会有机整体全面和谐协调可持续发展。因此，绿色发展必将使人类文明进步和经济社会发展更加符合自然生态规律、社会经济规律和人自身的规律，即支配人本身的肉体存在和精神存在的规律（恩格斯语）。"① 或者说更加符合三大规律内在统一的"自然、人、社会"有机整体和谐协调发展的客观规律。由此我们更加要强调，从学理层面上说，绿色发展的理论本质是生态经济社会有机整体全面和谐协调可持续发展；从实践层面上看，绿色发展的实践主旨是实现生态经济社会有机整体全面和谐协调可持续发展。现在我们完全可以做出一个广义生态论的理论结论：绿色发展是生态经济社会有机整体全面和谐协调可持续发展的形象概括与现实形态。

二、生态是自然生态、社会生态、人类生态的有机统一整体

生态是自然生态、社会生态、人类生态的有机统一整体，是决定建设生态文明绿色发展新道路的绿色路标。

---

① 刘思华. 生态马克思主义经济学原理（修订版）[M]. 北京：人民出版社，2014：578-579.

（一）社会生态是个多维度、多领域的生态理念

众所周知，人类社会是由经济、政治、思想文化、自然生态等多方面构成的有机统一体。作为描述、概括这一总体状态的"社会"范畴，有狭义和广义之分。广义社会论是狭义和广义的社会内在统一整体。这里所说的社会生态的"社会"显然是广义的社会范畴。它包括狭义的社会方面的内容和经济、政治、思想文化等多方面的内容。在现实社会生活中，社会生态最主要、最突出地表现为政治生态和精神生态。

（二）建设生态文明，探索绿色发展的绿色路标论

广义生态论的科学内涵包括两层含义："一是生态问题不仅是自然问题，而且是人的问题，还是经济问题、政治问题，更是社会问题和文化问题；二是这里的生态应该是人类生态、社会生态和自然生态的内在统一体。"① 由此决定了建设社会主义生态文明，探索绿色发展道路的绿色路标，应该是自然生态、人类生态、社会生态的全面和谐协调可持续发展。因而，建设生态文明，必须以追求人与自然、人与人、人与社会、人与自身和谐发展为根本宗旨，探索绿色发展道路就必然具有三大绿色目标，即三大绿色任务：①围绕建设美丽中国，创建生态良好型社会，实现绿色中国梦；②围绕建设美丽中国，创建和谐型社会，实现和谐中国梦；③围绕建设美丽中国，创建健康促进型社会，实现健康中国梦。② 这是实施绿色发展战略的三大战略任务。

从当下中国的现实来看，探索绿色发展道路，实施三大绿色战略，从现在起至2030年甚至到2050年，必须着力绿色救治，大力实施生态修复，对已经被破坏的自然生态、人类生态和社会生态进行重建恢复。这种绿色救治，在本质上为生态文明的绿色发展创造生态条件。与此同时，按照建设社会主义生态文明的本质要求与实践指向，塑造山清水秀的自然生态，培育身心健康与生态化生存的人类生态，构建和谐自然、安全稳定、健康向上、良性循环的社会生态。因此，大力推进社会主义生态文明建设，探索绿色发展道路，既是自然生态要山清水秀，又是社会生态要山清水秀；在塑造良好社会生态中，特别是政治生态和精神生态都要山清水秀。这是迈向社会主义生态文明绿色发展新时代的必由

---

① 方时姣. 最低代价生态内生经济发展 [M]. 北京：中国财政经济出版社，2011：194.

② 建设美丽中国，实现中华民族伟大复兴的中国梦的"三个中国梦"是刘思华先生在2013年冬撰写国家社科基金项目的结项送审稿《社会主义生态创新经济发展道路研究》中提出来的。转引自方时姣. 生态文明创新经济 [M]. 北京：中国环境出版社，2015：274.

之路。

三、新发展理念是狭义和广义绿色发展的有机统一整体论

（一）新发展理念是合规律性与合目的性的有机统一

站在建设美丽中国，实现绿色中国梦的新高度，深刻认识与正确把握绿色发展的理论本质与实践主旨，努力增强绿色发展的道路自信、理论自信、制度自信和文化自信。因此，探索绿色经济发展新道路，推进人类文明与经济社会绿色（化）发展，是工业文明黑色发展道路转向生态文明绿色发展新道路的必由之路与基本走向。

新发展理念回答了当代中国要实现什么样的发展、中国未来将是怎样的发展、中国发展是为了谁等事关中国特色社会主义文明与中国社会经济发展的命运问题。由此而言，新发展理念既符合人类文明与人类经济社会发展规律和中国特色社会主义文明与中国社会经济发展规律，又符合人类文明与人类社会经济发展的终极目的和中国特色社会主义文明与中国社会经济发展的终极目的，是合规律性与合目的性的有机统一。所谓"合规律"是指新发展理念反映客观世界发展的本质、规律和趋势，揭示了实现生态经济社会有机整体全面和谐协调可持续发展的客观规律。所谓"合目的"是指新发展理念体现符合人的发展和自然与生态发展的现实需要，这双重价值取向与终极目的，都是中国特色社会主义发展的价值追求与终极目的。因此，新发展理念坚持以人民为中心的发展思想，以人为本，把增进人民福祉，保障全体人民幸福安康，促进人的全面发展作为发展的出发点和落脚点。新发展理念还是以生态为本，把增进生态福祉、自然健康存在、促进自然全面复活与多样性发展作为发展的根本要求与实践归旨，推进中国特色社会主义文明与中国社会经济发展的人性化与生态化的有机统一。所以，新发展理念反映出我们党对人类文明发展与社会主义文明发展和人类社会经济发展与中国社会主义经济发展的双重目的的新认识与新发展。

（二）新发展理念是狭义和广义绿色发展的有机统一体，可以称为广义绿色发展论

新发展理念是创新、协调、绿色、开放、共享的发展理念，相互贯通、相互促进，是具有内在联系的集合体。因此，我们探索绿色发展新道路，必须在认识五大发展理论系统性的基础上，从人类社会的整体性出发，以整体的形式实现五大发展的有机统一。五大发

展理念中的绿色发展，着力解决人与自然的和谐发展问题，可称为狭义绿色发展论。五种发展理念相互依存、相互贯通、相互作用、相互转化，是具有内在联系的高度统一性的集合整体，是中国特色社会主义文明与经济社会整体性绿色发展。由此我们可以做出一个符合逻辑的结论：今日中国的新发展理念，是由五大发展理念所构成的"五位一体"的整体性发展理念，可以称为广义绿色发展论。这是"中国智慧"的绿色发展学说的一个根本论点与理论原则。

如前所述，人类文明发展的时代特征，工业文明是黑色发展时代，生态文明是绿色发展时代，后者是相对于前者而提出的，是对前者的深刻批判和时代超越。正因为如此，我们才断言，新发展理念作为广义绿色发展论，就在于它回应了当代中国要实现的是绿色发展，中国未来必须也应当是绿色发展。当代中国探索绿色发展之路的价值取向不仅以人的发展为目的，而且自然与生态发展也是其目的。可见，广义的绿色发展论规定了建设生态文明、探索绿色道路的绿色路标，开启了绿色富国、强国、惠民的绿色发展道路的新航程。

在当今中国努力走向社会主义生态文明新时代的伟大进程中，每种发展都是有颜色的，它绝不是黑色发展，也不是褐色发展，而是绿色发展。这就使"五位一体"整体性发展应当也必须走向绿色发展，这是历史的必然。在此，还要指出的是新发展理念，它是从中国特色社会主义的整体发展回答了发展性质、发展方向与道路，不是黑色发展，也不是褐色发展，而是绿色发展。因此，我们很有必要强调狭义和广义绿色发展的高度内在统一性，因而五大发展理念是狭义和广义绿色发展的有机统一整体。它是引领中国发展实践，开创美好未来的一面旗帜。所以，我们反复强调观念形态上的绿色发展的理论本质是自然、人、社会有机整体价值的全面协调和谐统一，是实现生态经济社会有机整体全面和谐协调可持续发展。所以，狭义和广义绿色发展的有机统一整体应当是整体性、综合性的发展理念。这是本真形态的生态文明绿色发展理念。从学理上说，绿色发展道路的理论本质与实践主旨，是要实现"生态经济社会有机整体全面和谐协调可持续发展"，因而推进绿色发展不能仅仅理解为人与自然的和谐共生，而是自然、人、社会有机整体全面和谐协调可持续发展。这是社会主义、共产主义文明发展的客观规律。

四、绿色经济发展论

21 世纪中国绿色发展道路在经济领域内就是绿色经济发展道路。在《绿色经济与绿色发展丛书》总序中明确提出：绿色发展的经济学诠释，就是绿色经济与绿色发展内在统一的绿色经济发展。这是人类文明时代的工业文明时代进入生态文明时代的必然进程。因此，21 世纪中国绿色发展道路在经济领域内，就是绿色经济发展道路，这是中国特色社会主义发展道路走向未来的必由之路。其后，他在生态文明、绿色经济、和谐社会发展关系的探讨等多篇论文中，将绿色经济新概念、新理论进一步明确概括为绿色经济发展新理论。这个新理论强调以下几点：①强调了绿色经济本质上是生态经济协调可持续发展的经济形态；②强调了绿色经济作为生态文明时代的经济形态，是生态经济发展形态的现实象征与生动概括；③强调了绿色经济是生态经济可持续发展的最佳模式，实质上是一种生态经济可持续发展模式；④强调了绿色经济建设，就其实质内容而言，既是通过生态建设而进行的经济建设，又是通过经济建设而进行的生态建设。[①] 因此，我们可以说，"绿色经济发展理论，与其说是一种现成经济发展理论，还不如说是一种生态经济发展理论，更是一种可持续经济发展理论。"[②] 从实践层面来说，绿色经济发展论还全方位论证了生态是 21 世纪现代经济运行和经济发展中的内生变量，探讨了生态发展规律及其对经济发展和运行的重要影响，构建了最低代价生态内生经济发展模式的基本框架，这就是绿色经济发展模式论。也就是说，绿色经济发展在本质上是最低代价生态内生经济发展模式，这是中国特色社会主义的绿色经济发展模式，是超越资本主义的经济发展模式，其本质内涵应当是最低代价的、生态内生的生态经济和谐协调可持续发展模式。

五、中国先行引领论

从世界范围来看，中国在当今世界率先开启了建设生态文明、探索绿色发展道路的新航程。

（一）当代中国会成为全球由工业文明黑色发展走向生态文明绿色发展的开拓者、引领者

人类文明形态或经济社会形态演进的历史告诉我们：从原始文明社会转向农业文明社会是第一次人类文明形态或经济社会形态的创新转型，从农业文明社会转向工业文明社会是第二次人类文明形态或经济社会形态的创新转型。现正处于工业文明社会转向未来生态

①　刘思华. 刘思华文集 [M]. 武汉：湖北人民出版社，2003：606-610.
②　方时姣. 绿色经济思想的历史与现实纵深论 [J]. 马克思主义研究，2010（6）：55-62.

文明社会，这是第三次人类文明形态或经济社会形态的创新转型，也是一次前所未有的伟大生态变革与绿色转型。中华文明发展史表明，中华民族是第一次人类文明创新转型的开拓者、引领者，创造了辉煌的农业文明，引领着世界文明发展。中华民族是第二次人类文明创新转型的落伍者、后进者，失去了文明形态即经济社会形态创新转型的历史机遇。只有第三次人类文明形态或经济社会形态的绿色创新转型，才有机会和以美国为首的西方发达国家站在同一起跑线上，同时也和其他发展中国家处在同一阵营中，都承担着为人类文明发展做出绿色贡献的历史责任，使今日中国率先拉开超越工业文明的社会主义生态文明绿色发展新时代的序幕，引领全人类朝着建设生态文明、探索绿色发展新道路的方向前进。

（二）中国建设绿色中国并积极参与和领导共建绿色世界，成为全球建设生态文明、探索绿色发展新道路的先行国、引领国

在 21 世纪，建设美丽中国，实现中华民族伟大复兴的绿色中国梦，是要把当今中国经济大国与生态弱国，建设成为生态文明富国与绿色经济强国，这样才算实现了中华民族的绿色崛起。

第一，要引领全球环境治理与绿色救治。坚持马克思主义的生态思想指导，中国就有能力引领全球实现人类文明发展的新跨越。因此，中国应积极参与和领导全球环境治理与绿色救治，成为全球探索绿色发展道路的引领国。①

第二，当今世界多数发达国家已经进入后工业文明发展阶段，也就是进入工业文明高度发达的信息化发展与褐色发展的历史时期。但因发达资本主义国家的政治经济制度决定了当今资本主义文明不可能转向建设生态文明与探索绿色发展新道路，必然对内实行绿色资本主义的发展路线，对外推行生态帝国主义的发展战略，致使时至今日，大多数发达资本主义国家并没有也不可能真正实现资本主义文明与经济社会发展的生态革命与绿色转型，这项历史任务就落在中华文明与社会主义生态文明身上了。

第三，中国在当今世界率先拉开社会主义生态文明绿色经济发展新时代的序幕，努力迈向社会主义生态文明绿色经济与绿色发展新时代，引领世界绿色经济发展的时代潮流。《中共中央国务院关于加快推进生态文明建设的意见》中明确提出把经济社会绿色化作为生态文明建设与绿色发展的核心内容与基本途径，从而在当今世界率先开创从工业文明黑

---

① 胡鞍钢. 中国创新绿色发展 [M]. 北京：中国人民大学出版社，2012：239.

色经济形态与黑色发展道路转向生态文明绿色经济形态与绿色发展道路模式，使当下中国朝着生态文明绿色经济形态和绿色发展道路的方向发展，努力成为走出工业文明黑色经济发展道路和真正进入生态文明绿色经济发展道路的先行者、引领者。

综上所述，中国先行、引领论，给建设生态文明、探索绿色发展新道路提供了客观依据和强大的精神力量。当然，按照生态马克思主义经济学哲学的观点，开创绿色创新经济发展新道路，构建绿色创新经济发展新模式，是建设社会主义生态文明的内在规定性。我们坚信，在新的发展理念的指导下，中国特色社会主义是有能力在建设社会主义生态文明的伟大实践中，扮演引领全人类走出一条生态文明绿色创新经济发展新道路，成功构建绿色创新经济发展新模式的先行者、引领者角色的。这就是本书的基本结论。

第二节　绿色发展的物质基础

要实现绿色发展，必须以绿色经济的发展作为基础，提供发展所需要的物质支撑和技术支持。绿色经济与工业革命以来，人类社会经济发展模式最大的区别在于，并非单方面对自然的索取，而是在谋求经济发展的同时，实现与自然的平衡。

一、绿色经济的概念及内涵

（一）绿色经济概念的提出

"绿色经济"一词来源于英国环境经济学家皮尔斯 1989 年出版的《绿色经济蓝图》一书，此后联合国环境署又于 2008 年金融危机时提出用绿色新政拯救金融危机的策略，并编制了里约大会报告《迈向绿色经济》。因此，把发展绿色经济作为应对金融风暴、经济衰退和气候变化等多重危机的重要决策，已经获得了世界各国的认同。我国政府也提出要大力发展绿色经济，推动形成绿色发展方式，培育出以低碳排放为特征的新经济增长点。

绿色经济概念的提出是对传统粗放型经济发展模式的彻底反思。绿色经济以协同推进经济发展与环境保护为根本目的，以绿色技术进步、绿色人才培养、绿色制度创新为基础，以促进资源利用循环化、能源利用低碳化、环境保护生态化为手段，以构建绿色产业体系、绿色金融体系、绿色科技体系为具体表现形态，在生产过程的各个环节彰显绿色特性。在具体的实践过程中，绿色经济的内涵又有着狭义和广义的区别。一般意义上，狭义的绿色经济内涵就是指绿色环保产业的发展，而广义的绿色经济内涵则强调整个人类社会的可持续发展。

（二）狭义的绿色经济

狭义的绿色经济是指大力发展环境友好型产业，降低能耗和物耗，保护和修复生态环境，使得经济社会发展与自然相协调。环保产业也有狭义和广义之分，具体来说，狭义的环保产业主要包括污染控制与减排、污染清理、废物处理等方面；广义的环保产业主要是指涉及产品生命周期过程中的清洁技术、节能技术、资源综合利用和生态设计等与环保有关的服务。它要求经济发展不能以牺牲环境为代价或者在经济发展的过程中不会付出超过自身环境净化能力的代价。从这个视角来说，绿色经济并不只是针对传统产业的发展和改造，而是对整个经济体系的内在要求，实际上是要把原有经济体系的形式由"非环保型"转为"环保型"，因此绿色经济又可称为"环保型经济"或"环境友好型经济"。例如，钢铁、化工、建材、水泥、造纸等传统产业，在原有的粗放型发展方式下是高排放、高污染的，因而是非绿色化的，而在清洁技术、循环利用和节能减排的生产模式下，就可能是绿色的、低污染的，就属于绿色经济。总之，传统产业的绿色化是绿色经济的外在表现形式和内涵之一，它强调的重点在于"绿色"，即为了达到扭转当前环境污染形势的目的，哪怕放弃部分经济利益也是可行的，而且是必要的。

（三）广义的绿色经济

狭义的绿色经济只是考虑了人与自然和环境之间的和谐关系，并未针对人与人之间的和谐关系进行论述，是片面的。仅仅追求经济与资源环境的可持续发展是不够的，整个人类社会的可持续发展才是绿色经济发展的可行之路和最终目的。因此，广义的绿色经济还包括均衡发展、节约发展、安全发展、低碳发展和循环发展等一系列绿色发展的制度和行为。具体而言，均衡发展主要是指人口的均衡发展，人口的发展要与资源、能源、环境和生态的承载能力与涵容能力相符合，要与经济社会发展水平相协调。人口均衡发展不仅是实现绿色发展的基本前提，而且是实现绿色发展的基本要求。节约发展是建设资源节约型社会的手段，资源节约型社会是节约发展的目标。坚持节约发展，就是要坚持节约资源的基本国策，全面节约和高效利用资源，树立节约集约循环利用的资源观，加快建设资源节约型社会，因此节约发展是绿色发展的重要体现和实现路径之一。安全发展主要是指通过维护生态安全而实现科学发展的发展理念和发展方式。生态安全主要指的是要维护和保持生态系统的完整性、多样性和稳定性。因此，安全发展既是实现绿色发展的外部条件，也是实现绿色发展的内在要求。低碳发展是通过节能减排和节能降耗而提升发展质量和效益的科学发展的理念和方式，是支撑绿色发展的重要手段和主要抓手。循环发展要求从整个发展层面上重视资源和废弃物的循环利用。循环发展就是要推动全社会树立减量化、再利用、资源化的科学理念，坚持减量化优先，从源头上减少生产、流通、消费各环节能源资源消耗和废弃物的产生，大力推进再利用和资源化，并促进资源永续利用和废弃物的再生利用。因此，循环发展也是绿色发展的主要着眼点和实现路径之一。

二、发展绿色经济的必要性

（一）发展绿色经济是我国实现可持续发展的重要路径

可持续发展最早于 1972 年提出，主要是指既能满足当代人的需要，又不损害后代人满足其需要的发展。实现以"提高效益，节约资源，减少废物"为特征的集约型绿色增长，将是实现可持续发展的重要抓手。

绿色经济以保持经济持续增长为宗旨，要求经济发展和社会发展与有限的自然承载能力相协调。作为一种以经济与环境协调发展为目的的新经济形式，绿色经济旨在促进资源能源节约和环境保护，体现出以人为本、全面协调可持续的科学发展观的要求。大力发展绿色经济不仅是实现可持续发展的重要途径，也是我国在国际金融危机背景下应对经济下行压力，培育出新的经济增长点和增强我国经济发展原动力的重要出路。在人口、环境容量、资源能源等一系列约束条件下，我国唯有发展绿色经济，才能获得更好的发展。

（二）发展绿色经济是我国参与新一轮国际竞争、提高绿色竞争力的客观需要

伴随着经济全球化的深入发展，国际产业结构调整呈现出高技术化、服务化和生态化的特征，同时对有益于人类健康发展的绿色产品的需求也开始大幅增加。大力发展绿色经济，将会显著提高我国的国际竞争力和可持续发展能力。

绿色产业、绿色投资、绿色增长是世界经济的一大发展趋势，绿色经济将在未来重塑

世界经济竞争格局。作为推行绿色经济发展先行者的欧美和日本等国，一方面力图借此摆脱当前的经济衰退，另一方面又期望谋求确立一种持续稳定增长与资源消耗、环境保护相协调的新经济发展模式，在这场以发展绿色经济为核心的"经济革命"中也正再次抢占全球经济发展的制高点。

我们正迎来以清洁技术、绿色产业和新能源为主导的第四次产业革命，迎来破解经济发展与资源环境矛盾、转变经济发展方式的重大机遇。当前就国内市场而言，绿色经济竞争力尚不够强大，大力发展绿色经济，发展绿色产业和产品，既有利于产业结构的调整和升级，也有利于提升区域和产业竞争力。

（三）发展绿色经济是经济社会现代化的重要支撑和标志

伴随着经济的发展和人们消费水平的提升，经济社会"现代化"的内涵也发生了深层次的变化，人们逐渐加深了对现代化概念的理解。现代化所涉及的领域较为广泛，既有物质层面的现代化，也有精神层面的现代化，既有经济的现代化，也有社会的现代化，还有生态的现代化。21 世纪以来，人们开始意识到一切社会经济的发展最终都要落实到人本身的全面发展上，人类不能仅仅满足于物质层面的需求，而且更重要的是还要满足对精神层面和周围生活环境的追求。因此，在衡量现代化水平的指标体系中，不能只考虑经济发展指标，还应考虑生态环境和绿色发展状况的指标。现代化是一个不断深化和发展的过程，它所体现的内涵反映出人们理念的不断更新和发展，现代化的重点也从经济增长向可持续发展转变，因此发展绿色经济成为走向现代化的必要补充和必然选择。

三、绿色经济是绿色发展的物质基础

绿色经济是未来将长期存在的一种经济形态，是基于可持续发展思想产生的新型经济发展理念。实现向绿色发展的转型必须以绿色经济为支撑，发展绿色经济又必须以绿色技术、绿色人才和绿色制度为抓手。

（一）绿色技术是绿色经济发展的科技基础和创新支撑

绿色技术是指能减少污染、降低消耗和改善生态的技术体系。全面实行绿色经济发展，就要大力推进绿色化、低碳化、循环化和集约化，特别是要把实施绿色科技创新引领工程作为工作重点。传统行业的绿色改造必须以绿色智能化技术的不断创新和应用为重要

支撑。我国将全面推进钢铁、有色、化工、建材、造纸、印染等重点行业绿色化改造，加快新一代可循环流程工艺技术研发，大力开发推广具备能源高效利用、污染减量化、废弃物资源化利用和无害化处理等功能的工艺技术，这些都是应用绿色技术的体现。坚持发展绿色经济就要提高绿色低碳技术的核心竞争力，大力发展太阳能、风能、生物质能等新能源和可再生能源以及节能环保产业，推进以天然气、能源绿色技术为主要内容的化石能源高效清洁利用。同时鼓励绿色低碳技术创新，降低清洁能源成本，促进清洁能源资源优化配置。加强与发达国家在新技术和新兴产业领域的双边和多边合作，并借鉴国际经验，推进节能减排和生态环保，与世界各国共同应对能源、资源、环境、气候变化、空气安全等全球性挑战。

（二）人力资本积累和绿色创新人才的培养是绿色经济发展的人才基础

伴随着中国环境保护力度的加强，环保业人才迎来了就业和创业的春天。由于各国对环保产业越来越重视，环保产业已成为世界性的朝阳产业。国家规划要求节能环保产业产值年均增速在15%以上，使其成为国民经济新的支柱产业。积极推进绿色人力资本积累，大力培养绿色创新人才，将为绿色经济发展奠定坚实的人才基础。大学是培养高级人才的主渠道，是培养专门人才和环境保护科技人才的重要基地。发展"绿色教育"、培养"绿色人才"必须以高校为支撑，一要打破传统思维局限，构建绿色教育体系；二要更新传统人才培养观念，形成绿色教育共识；三要强化环保和可持续发展的意识，培养着眼现在、面向未来的高素质复合型人才，培养具备绿色思想的卓越工程师；四要拓展研究领域，与企业深度合作，形成产学研良性循环和协同创新，积极推动信息交流，为社会经济可持续发展提供绿色咨询。

（三）绿色制度是绿色经济发展的可靠保障

绿色经济的发展需要发挥法制的导向和保障作用。要加快推进有关绿色发展的相关法律法规的制定，利用法律的规范性和强制性确保绿色发展能够得以顺利实施。尽快建立完善的绿色发展制度体系，构建统一高效的绿色发展监管体系，通过刚性约束、柔性引导，推动国民经济向绿色发展模式转型。抓紧制定实施绿色发展目标体系，加快转变经济发展方式，加快淘汰落后产能。同时，深入实施生态建设战略，以增绿、增质、增效为总要求，重点构建政府绿色政绩考核体系，转变过去对地方政府的政绩考核以 GDP 为中心的考核理念，加大对改善民生、绿色指标和生态指标方面的关注，使能源利用效率和环境质量改善成为重要考核指标和问责依据。建立自然资源、生态环境损害责任终身追究制度，并完善全国城市空气质量实时监测制度，对污染排放实行最严格的监管，让污染排放、非绿色生产付出的代价远大于使用清洁技术、实行绿色生产付出的成本，用制度的方式推动政府和企业自愿转向绿色生产和绿色发展。

第三节　绿色发展的生态环境基础

一、呵护绿色国土

民以食为天，土壤是万物之本。土壤不仅是国家的主要自然资源，而且是地球表层的重要环境要素。没有健康的土壤，地球上的生命就不可能持续发展。土壤是农业之本，提供了不可缺少的生态系统服务，也是粮食、饲料、燃料等与人类密切相关的产品的来源地。土壤可以保障粮食质量安全，土壤可以保障食品安全，土壤可以保障城乡人居环境安全，土壤可以促进国家全面实现中国梦。

（一）国土资源发展的制约

土壤环境是整个环境系统的重要部分，与水环境、大气环境和生物环境等密切相关。近年来，我国高度重视国土资源保护、自然保护区建设和土壤污染防治工作。

1. 严控土地数量下降

要实施最严格的耕地保护制度和节约集约用地制度，实行差别化的区域国土开发政策。进一步细化、量化考核指标，确保基本农田总量不减少、用途不改变、质量有提高。开展城乡建设用地增减挂钩试点和农村土地整治工作，继续推行工业向园区集中、人口向城镇集中、住宅向社区集中的"三集中"用地模式。积极探索农民土地承包经营权置换城镇社会保障和宅基地使用权置换城镇住房保障的"双置换""三置换"改革。严格土地用途管制，对"两高两低"和节能减排项目优先供地，对高耗能、高污染项目实施更为严格的供地限制。提高工业和城镇用地节约集约利用水平，严格实施单位土地投资强度标准和项目建设用地控制标准，控制城乡建设用地总规模。加强围海造地的管理和调控，合理有序开发利用滩涂资源，保障土地的可持续利用。

2. 提高土壤潜力

建立全国的土壤资源和土壤数量信息网，实施生态环境脆弱区的土壤环境保护和重金属治理。要加强对耕地建设数量和质量的管控来促进"三农"发展。要保障生态安全，防治环境污染，摸清土壤环境的现状、各种重金属和有机污染物的来源、潜在的土壤风险，有计划分步骤地整治城乡土壤环境，有效地恢复和基本消除高风险的土壤地区。要加强污染农田土壤修复工作，对重点区域实施更严格的国家环境质量标准，实现企业场地污染净化和功能恢复。

3. 加强地质灾害的防治

加快编制和实施矿山环境保护和治理规划，开展山体保护复绿、工矿废弃地恢复治理工程。加强河湖水域管理与保护，建立水域资源占补平衡制度。优化滩涂围垦布局，合理避让重要珍禽栖息地和觅食地，开展农业湿地综合利用示范区建设。加强地面沉降的监测和防治工作，建立地面沉降监测预警网络，控制地下水开采。开展海洋生态建设，增殖海洋生物资源，修复近海生态环境，试行海洋污染物总量控制制度，加大海岸及海域生态环境修复力度。

4. 开展土壤污染科学研究

在保护土壤的战略方面，要开展基础研究，建设信息共享平台。要建立质量保证体系，包括环境质量的保证体系和重金属污染的保护体系。建立城市建设用地土壤环境准入制度和新增建设用地土壤环境现状调查制度。整合高等学校、研究机构、企业等科研资源，开展对土壤环境基准、土壤环境容量与承载能力、污染物迁移转化规律、污染生态效应、重金属低积累作物和修复植物筛选，以及土壤污染与农产品质量、人体健康的关系等方面的基础研究。

我国土壤修复技术尚显薄弱。例如，对于广受关注的重金属污染土壤修复，技术还处在试验阶段，迄今为止国内还鲜有成功的大面积重金属污染土壤修复案例。目前，小范围内应用的修复技术各有弊端：物理修复方法花费相对较大，化学修复方法容易引起土壤质量下降，生物修复方法耗时较长。因此，在污染土壤修复工程大量开展前，组织开展适用于不同类型污染土壤修复技术和设备的研发十分重要。

要综合治理污染超标耕地，加强农用土壤环境监管与综合防治，开展基本农田和重要农产品产地种植适宜性评估，开展重点城市和重点地区"菜篮子"基地土壤环境安全性划分与重点污染源监控，严格控制污水灌溉，强化对农药、化肥、除草剂等农用化学品的环境管理，规范发展有机食品。

加强土壤环境监测监管能力建设。建立污染土壤风险评估制度，初步建立土壤污染防治和修复机制，开展典型区域、典型类型污染土壤修复试点，建成土壤污染防治国家重点实验室和土壤修复工程技术中心。

（二）实施净土工程

土壤污染的产生和发展受土壤圈的影响，因此必须从土壤圈的土、气和水的截面影响对土壤污染的源与汇的关系进行治理。要解决污土与净土的矛盾，应针对"蓝天、碧水、净土、洁食"进行综合治理，不能搞单打一。土壤保护宏观战略最终的目的是要通过实施土壤保护战略构建中国土壤安全工程。

当前，我国要做好土壤污染调查，做好技术储备，制定土壤污染防治法，健全区域土壤的标准，创新土壤管理技术服务，确保土壤安全和人类健康。

1. 加快实施《土地污染防治行动计划》

在出台防治大气和水污染的"水十条"和"气十条"意见之后，2016 年 5 月，国务院颁发了《土壤污染防治行动计划》（国发〔2016〕31 号）。在土壤污染防治上，总的思路是立足我国国情和发展阶段，着眼经济社会发展全局，以改善土壤环境质量为核心，以保障农产品质量和人居环境安全为出发点，坚持预防为主、保护优先、风险管控，突出重点区域、行业和污染物，实施分类别、分用途、分阶段治理，严控新增污染、逐步减少存量，形成政府主导、企业担责、公众参与、社会监督的土壤污染防治体系，促进土壤资源永续利用。

2. 加快土壤污染防治法律制度建设

土壤污染防治立法，主要是建立部门统筹、协调与联动的监督监管机制，实施源头控制，加强监管，落实制度，严格考核。一是尽快制定国家及地方土壤环境的重金属质量标准，且质量标准要分区治。因为不同区域、不同类型的污染使得治理变得多样化。二是要按元素、按规范治理。要规范土壤中金属高背景值区的生产与开发，防止叠加污染及迁移扩散。要规范开发，加强监管，评估风险，调整种植，防止污染。三是加强土壤中金属污染治理修复与资源可持续利用的科研创新研究，包括技术研究、技术创新、资源回收、环境监测等。

3. 切实加强重金属污染防治

严格执行重金属污染物排放标准并落实相关总量控制指标，加大监督检查力度，对整改后仍不达标的企业，应依法责令其停业、关闭，并将企业名单向社会公开。继续淘汰涉重金属重点行业落后产能，完善重金属相关行业准入条件，禁止新建落后产能或产能严重过剩行业的建设项目。以铅、镉、汞、铬重金属和类金属砷等为重点防控因子，强化对矿山采选及冶炼、化工、电镀、皮革加工、蓄电池加工回收及危险废物处置等企业的监管，全面排查和整治环境隐患，继续抓好尾矿库隐患综合治理工作，有效遏制水体、空气、土壤中的重金属污染危害。制订涉重金属重点工业行业清洁生产技术推行方案，鼓励企业采用先进适用生产工艺和技术。

4. 加强废弃物管理

加强对废弃物产生量大、污染重的重点行业的管理，推进废渣、废水、废气等工业废弃物的综合利用。全面整治尾矿、煤矸石、工业副产石膏、粉煤灰、赤泥、冶炼渣、电石渣、铬渣、砷渣以及脱硫、脱硝、除尘产生固体废物的堆存场所，完善防扬散、防流失、防渗漏等设施，制订整治方案并有序实施。加强工业固体废物综合利用。对电子废物、废轮胎、废塑料等再生利用活动进行清理整顿，引导有关企业采用先进适用加工工艺、集聚发展，集中建设和运营污染治理设施，防止污染土壤和地下水。统一规划和建设危险废物和医疗废物处置中心，建立健全危险废物和医疗废物收集、运输、处置的全过程环境监管体系。

5. 加强农村土壤保护

经济要发展，但不能以破坏生态环境为代价。大面积的农田土壤污染修复费用极高，由于缺乏明确的责任人，导致治理几乎无法推动。农村土壤环境保护是一个长期任务，要久久为功。

6. 规范城市"棕地"利用管理

由于土壤污染具有渐进性和隐蔽性等特征，当土壤污染引发事故时，污染企业可能已经不存在，产权也早已发生转移，该由谁来为这片污染场地埋单就成为一个难题。因此，要建立土壤污染防治和修复机制，开展典型区域、典型类型污染土壤修复试点。放开服务性监测市场，鼓励社会机构参与土壤环境监测评估等活动。要引入"环境污染第三方治理"机制，按照"谁污染，谁付费"的原则，让造成土壤污染的企业购买专业环保公司的污染土壤修复服务，并与环境监管部门共同监督治理效果。规范土壤污染治理与修复从业单位和人员管理，建立健全监督机制，将技术服务能力弱、运营管理水平低、综合信用差的从业单位名单通过企业信用信息公示系统向社会公开。

二、守住蓝天白云

工业文明和城市发展，在为人类创造巨大财富的同时，也把数十亿吨计的废气和废物排入大气之中，人类赖以生存的大气圈成了空中垃圾库和毒气库。如果大气中的有害气体和污染物达到一定浓度时，就会给人类和环境带来巨大灾难。

（一）雾霾治理的国际经验

环境问题产生于产业革命后。从产业革命开始到 20 世纪初，是西方发达国家的工业化早期，也是环境公害的发生期，局部地区的严重环境污染导致了"公害病"和重大公害事件的出现。

为了改善空气质量，主要发达国家进行了几十年的治理，从中积累了大量的防治对策及控制技术的经验。通过实施各种计划、执行日趋严格和完善的环境标准体系及排污许可证制度，辅以灵活的经济措施，使能源结构和工业结构逐步趋于清洁化。城市大气中的硫污染和烟尘污染基本得到解决，酸雨进一步加重的势头得到控制，环境空气质量逐年改善。

1. 摆脱"先污染，后治理"的经济发展模式

通过分析发达国家"先污染，后治理"的教训可以发现，环境问题的发生随着世界各国经济发展的阶段而变化。20 世纪 60 年代—70 年代，频繁发生于西方发达国家的环境事件和产业公害，让人类付出了巨大的代价。因此，中国在发展过程中应充分借鉴和吸取其经验和教训，制定适合我国社会经济可持续发展的产业发展战略，充分认识环保先行、环境优先的重要性，避免重复发达国家"先污染，后治理"的老路。

2. 制定严格的大气污染防治法律法规

英国 1956 年和美国 1963 年制定的《清洁空气法》、欧盟 1979 年制定的《长距离跨界输送空气污染的日内瓦公约》和美国 2005 年发布的《清洁空气州际法规》等，都是具有里程碑式意义的空气污染控制法案。在这些法律的支撑下，通过不断升级污染排放标准和空气质量标准、制订动态空气质量限期达标计划、建立区域空气质量管理机构、实施严格的监测—减排—核查—评估等监管制度，发达国家在经济持续增长的同时，污染物排放总

量快速下降，空气质量不断得到改善。

3. 调整能源和产业结构等环保政策

能源消耗是支撑国家经济增长的重要因素，而大量的能源消耗势必导致大气污染物排放的不断增加。美国到目前为止仍然是高耗能国家，对大气污染控制主要依靠污染源治理来实现，这也在一定程度上影响了对大气污染的控制进展。从日本燃煤污染控制经验来看，在大量采用污染治理措施的同时，还应实现产业结构调整、能源结构优化以及能源效率提升等。

4. 加强科学监测和评估

从发达国家区域空气污染控制的经验来看，建立公正合理的污染监测和科学评估体系是区域空气污染控制取得成功的关键。这样一套体系的作用在于：识别空气污染问题—分析大气污染来源—确定排放削减目标—制订并实施控制计划—回顾并修订控制计划，可达到持续改善区域环境空气质量的目的。法国的蓝天白云常令不少中国游客欣羡不已。法国空气质量监测协会负责监测空气污染物浓度，向公众提供空气质量信息。根据空气质量监测协会提供的数据，法国环境与能源管理局每天会在网站上发布当日与次日空气质量指数图，并就如何改善空气质量提出建议。当污染物指数超标时，地方政府会立即采取应急措施，减少污染物排放，并向公众提供卫生建议。

（二）我国大气治理的主要路径

1. 拓展大气减排新空间

完成减排任务必须实现"三大"转变：在目标责任上，由单一的污染物强度控制向强度和总量双重控制转变；在实现途径上，由偏重工程减排向技术减排、管理减排和结构减排并重转变；在实现领域上，向工业减排与生活减排、农业减排并重的领域重点转变。

要把强化政府责任作为实现减排目标的关键环节，切实落实《节能减排综合性工作方案》的各项要求。着力推进结构减排，牢牢把好环境准入关口，坚决遏制高耗能、高排放行业过快增长，着力淘汰电力、炼铁、炼钢、造纸等行业落后产能。

要做好多污染物协同减排，包括二氧化硫、氮氧化物、颗粒物、VOCs[①] 等多种污染物。只有将各种污染物的总量降下来，环境质量才能得到改善。

---

① 挥发性有机物，常用 VOCs 表示，它是 Volatile Organic Compounds 三个词第一个字母的缩写，总挥发性有机物有时也用 TVOC 来表示。

管理多污染源。影响我国大气环境质量的因素不仅是点源污染，还包括面源、移动源、农业源等污染源。对这些污染源要进行全面管理。

管理精细化。精细化管理就是要顾及每一个环节、工艺以及产品等对环境质量的影响。例如 VOCs 是 PM 2.5 的重要前体物，也是臭氧形成的重要物质。对于 VOCs 这种复杂的污染物，要采取针对每个行业、每道工艺、每个产品进行污染控制的手段，才能将VOCs 总量降下去。到底采取什么样的模式更加科学、合理，应该结合我国大气污染防治管理的特点，采取精细化管理方式。

严把环保准入关，强化环保等指标的约束作用。强化规划环评与项目环评的联动机制，编制实施严于国家要求的省级产业结构调整指导目录。加强项目审核管理，对化工、电力、造纸、印染及钢铁等高排放、高能耗行业，实施产能总量控制、等量替代和新建项目污染物总量控制，加快淘汰落后产能。控制能源消费总量，优化能源消费结构，提高非化石能源比重。加强合同能源管理，统筹推进工业、建筑、交通、商业、民用领域节能，严格用能管理。继续组织实施节能减排重点工程，重点抓好交通、建筑等重点领域节能。大力推广先进高效的绿色运输方式，优先发展城市公共交通，鼓励使用清洁交通运输工具。推进现有建筑节能改造，大力发展绿色建筑，倡导绿色施工，积极开展高水平节能建筑和绿色建筑试点。科学规划和设计天台、阳台、墙体、立交桥等建筑空间，开展"绿色屋顶"建设。全面实施燃煤企业脱硫脱硝工程，加大重点行业污染治理力度。开展煤炭消费总量控制试点，实行重点行业污染物排放总量控制。

2. 加快实施蓝天工程

根据国家关于推进火电、钢铁、石化等重点行业治理的要求，严格执行重点区域特别排放限值，严控重污染行业的新建项目，对老项目全面实施提标改造，达不到新标准的限期淘汰。加快实现 PM 2.5 监测县市全覆盖，并如实、透明地向社会公布监测数据，确保PM 2.5 浓度逐年下降。

加强城乡大气污染防治。建立健全城市扬尘污染防治机制，重点开展建筑工地、道路运输扬尘防治，加强港口、码头、车站等地装卸作业及物料堆场扬尘防治。强化施工现场标准化管理，整治市政工地、建筑工地、拆房工地及储备地块等工地环境，杜绝施工中的不文明行为，全面削减工地二次扬尘污染。强化餐饮服务业油烟污染控制与管理，强制餐饮企业安装油烟净化装置，严肃查处闲置处理设施的环境违法行为。加强秸秆综合利用，严禁露天焚烧秸秆，加强秸秆焚烧执法检查，建立较为完善的秸秆收集贮运体系。

推进机动车污染防治工作。全面推行机动车环保标志分类管理，加强在用机动车排气检测，限期淘汰高污染车辆，机动车实施国Ⅳ排放标准，全面淘汰黄标车。进一步加快机动车排放控制标准的实施进程，新车排放控制水平逐步与发达国家接轨。加大新车环境保护监管力度，确保新车出厂稳定达标。加强在用车污染控制，实施全国统一的在用车环保标志管理制度。加快车用燃油低硫化进程，鼓励使用车用燃油清净剂，改善车用燃油品质。大力发展压缩天然气、液化天然气、生物柴油、燃料电池和混合动力等清洁能源车辆，提高清洁能源车辆使用比重。

完善大气污染防治监管和保障体系，积极做好大气污染防治法修订工作，进一步完善大气污染重点行业污染物排放标准体系。严厉打击各类环境违法行为，对严重违法排污企业实行停产整治、挂牌督办、限期关闭等措施。完善重大污染违法案件移送司法及协同配合机制。健全环境经济政策体系，利用财政、税收、价格、信贷、保险等多种手段推进大气污染防治工作。

强化大气污染防治的科技支撑。加强大气污染防治规划框架体系、指标体系、环保投入体系及政策法规体系研究，努力提高规划的指导性、针对性、可操作性和执行力。加强大气污染基础性研究和前沿技术研究，深刻把握我国大气污染本质特征，形成科学高效的控制策略和技术体系。加强环境空气和污染源的监测体系建设，形成满足实际需要的大气污染监控和预警能力。加强我国大气污染治理产业和各行业节能减排技术研发，加快建立以企业为主体、市场为导向、产学研相结合的技术创新体系。

3. 加大工业废气污染防治

鼓励工业企业通过技术、工艺的更新改造，削减二氧化硫、氮氧化物、烟尘、粉尘等大气污染物的排放总量。严格控制建成区及其近郊新建和扩建重污染企业，对城区内已建重污染企业实施搬迁改造。加强脱硫设施运行在线监管，提高非统调电厂和自备电厂脱硫能力。加快实施非火电行业烟气脱硫工程，开展燃煤电厂脱硝工程建设。新、改、扩建火电机组必须配套建设烟气除尘、脱硫、脱硝系列设施。加大对区域空气质量影响较大的企业实施烟气脱硫、脱硝改造力度。火电、钢铁、水泥等行业在完成脱硫改造的基础上，全面实施脱硝工程。各类工业园区、工业集中区和能源、钢铁、化工、建材等重点行业要加大粉尘、烟气治理力度，加强对无组织排放的废气及恶臭气体的治理。

加大产业结构调整力度。加大炼钢、炼铁、铁合金、焦炭等行业落后生产能力的淘汰力度，严格控制"两高一资"项目和产能过剩行业的过快增长，进一步推动产业结构的优化升级。严格上市公司环保核查，建立健全上市公司环保信息披露制度。全面启动火电厂氮氧化物污染防治工作，新建火电机组同步建设脱硝装置。积极开发、引进和消化吸收适合我国国情的氮氧化物控制技术和产品，给予必要的政策扶持，推动我国脱硝产业的健康发展。

4.建立大气污染联防联控

加强重点区域合作，实施区域性大气污染联防联控。建立健全省级空气污染防治联席会议制度，研究地区大气污染防治年度工作重点和工作任务，协调解决跨区域、跨边界重大环境问题。在区域大气污染综合整治方案编制、大气污染物减排、机动车尾气污染控制、秸秆禁烧、灰霾天气预防、项目审批、环境监测及科研等方面，共同构建区域一体化的大气污染联防联治体系。完善区域大气环境管理法规、标准和政策体系，开展灰霾污染监测，在二氧化硫、二氧化氮和可吸入颗粒物等指标的基础上，增加细颗粒物、臭氧、挥发性有机物、黑炭等指标。逐步建立与国际接轨的空气环境质量评价体系，建立灰霾复合型污染预警系统。

研究建立区域大气污染联防联控工作机制，协调解决区域和城市大气污染防治的重大问题。组织开展全国大气污染重点区域划分工作，编制珠三角、长三角和京津冀区域大气污染防治规划，明确区域空气质量改善目标，建立目标责任考核制度。每年公布城市空气质量考核结果，接受群众监督，并将空气质量状况与经济、行政奖惩措施挂钩。

三、留住绿水青山

山清水秀，鸟语花香，风调雨顺，五谷丰登，是人类追求向往的美景，也是人类劳动创造和精心爱护环境的结果。

（一）重点流域水污染防治与城乡饮用水源安全

水污染防治的指导思想，应当以持续改善水环境质量为目标，保障水生态系统健康为核心，确保让人民喝上干净的水、拥有良好的水生态环境，提升支撑经济社会可持续发展的水资源供给能力。以实施污染物源头减排、面源污染控制、湖泊富营养化控制、有毒有害污染物控制、饮用水安全保障和水生态系统健康等为主要任务，努力建设人与自然相和谐、水量与水质同时得到保障的资源节约型、环境友好型社会。

1. 树立水环境是资源、是商品的理念

在市场经济条件下，要充分认识"环境是资源、资产和资本"的本质。既尊重生态环境的自然属性，按自然规律合理规划利用资源，做到开发与保护并举，在保护中开发，在开发中保护；又主动认识到生态环境的经济属性，尊重环境的资本属性和商品价值，树立环境有价的理念，充分发挥市场对资源配置和调节的基础性作用，盘活环境存量资产，全面提升环境的资本价值。实践告诉我们，生态环境是具有巨大潜在价值的资产，是重要资本，是经济发展与社会进步的源泉和动力；开展环境综合整治也绝不是只有投入、没有产出的纯公益性事业，更不是政府和社会的包袱。只要拓宽思路，充分认识环境的双重内涵，运用市场机制发展环保事业，就能为环保工作注入新的活力，推动环境整治工程步入"快车道"。

2. 严格控制化学需氧量、氨氮、总氮和总磷等主要污染物的排放总量

落实主要污染物总量削减目标责任书。淘汰落后的造纸、酒精、味精、柠檬酸产能。阐明不同地区高耗水和高污染行业水资源消耗及水体污染物产生、排放系数，提出重点行业废水循环利用的潜力、技术途径。同时，推动工业废水达标治理，严格控制高耗水和高污染行业，加大高耗水和高污染行业的结构调整与技术改造力度；在钢铁、电力、化工、煤炭等重点行业推广废水循环利用。进一步依法推行符合清洁生产要求的工艺、技术和设备；实施重点污染源入园进区、搬迁治理、提标改造，合理布局和建设污水处理厂及配套管网，提高污水管网配套率。逐步实现城市、县城、建制镇和工业园区污水统一纳管处理，安全处置和综合利用污水处理厂污泥，适当提高排污费征收标准，进一步提高城镇和工业园区污水处理水平。新建城镇污水处理厂要配套建设除磷脱氮设施，推进已建污水处理厂的除磷脱氮改造工程。建设中水回用工程，提高中水回用比例。

3. 确保城乡饮用水源安全

保护饮用水源地是保障饮用水安全最重要的举措之一。要开展全国饮用水源地大调查，进行饮用水源地风险评估，科学划定水源保护区，制订城市和农村水源地保护规划。开展以保护饮用水源为主要内容的整治违法企业、保障群众健康环保专项行动，依法取缔饮用水源保护区内的排污口，对超标企业限期治理。开展集中式饮用水源地环境保护规划工作，加强监督管理，禁止有毒有害物质通过各种方式进入集中式饮用水源保护区。强化水土保持、径流调节、面源污染综合防治，构建饮用水源地良性生态系统。

实施农村安全饮水工程，保障城市集中水源地水质安全，全面推进供水工程，加快建

设应急备用水源地。严格规范饮用水源保护区内建设项目审批，彻底清理饮用水源一、二级保护区内无关设施。严格执行饮用水源保护区相关要求，逐步建立先进完备全覆盖的水源地水质安全监测预警体系，实现对各级水厂水源地水质的实时监控，并实现监测数据的远程实时采集、汇集、处理能力。进一步提高饮用水源事故应急能力。对威胁饮用水源地安全的重点污染源逐一建立应急预案，建立饮用水源的污染来源预警、水质安全应急处理和水厂应急处理三位一体的饮用水源应急保障体系。

4. 重点流域水污染防治

我国水污染防治指导思想要实现以下转变：由以分散治理为主转向集中控制与分散治理相结合，由以末端治理为主转向全过程控制、清洁生产，由单一的浓度控制转向浓度控制与总量控制相结合，由以区域管理为主转向区域管理与流域管理相结合。

要把流域治理作为生态文明建设的标志工程，推动重点河湖水质持续改善。在重点流域和城市黑臭河道治理中，探索以流域为单元建立河流治理委员会，深化"河长制""断面长"监管模式。深入实施重点流域治理国家总体方案，进一步完善应急处置机制，全面实施产业调整、调水引流、控源截污、清淤捞藻、生态修复、小流域综合整治等综合治理措施。有效防控湖泊蓝藻大规模暴发，严防湖泛发生，确保饮用水安全。切实加强良好大中型湖泊的保护，及早预防富营养化。推动城市内河的水系整治和污染治理，基本消除"黑臭"现象。

5. 强化开源节流

对生态环境造成破坏的大部分原因是对资源的过度开发、粗放型使用。建设生态文明必须从资源使用这个源头抓起，把节约资源作为根本之策。合理利用和节约水资源，要以提高水资源利用效率与效益为核心，以改革水资源管理机制为重点，推进节水技术进步，增强节水意识，强化节水措施。要坚持"开源节流、节约用水"的指导原则，依据自然水循环和社会经济水循环的基本规律，为实现水资源保障、水环境质量改善的目标，以节流开源、提高水循环利用率为重要手段，科学构建节水型经济与环境协调发展优化模式。完善用水总量控制与定额管理相结合的管理制度，制订用水总量控制方案。建立水资源综合调度机制，统筹安排城市用水、农业用水、生态用水。因地制宜推广节水灌溉模式，加快灌区节水改造，推行节水农艺技术，提高农业综合节水能力。合理调整经济结构与产业布局，按照循环经济的理念建设节水工业示范园区，推广节水技术和节水工艺，建设节水技改示范工程，提高工业用水效率。强化公共用水管理，建立水价形成机制，加大城镇污水集中处理与回用力度，促进城乡居民生活节水。开展全社会节约用水运动，深入开展企业、社区、学校、灌区、城市等节水载体创建活动，并发展各种节水技术。通过提高用水效率，解决经济快速发展对新增用水量的需求，尤其在水资源短缺的城市和地区应减少新鲜用水量，从源头上减少水资源短缺和水污染的压力，从技术经济政策方面保障节约水资源。

6. 控制面源污染

在点源污染逐步得到控制的情况下，面源污染引起的氮磷流失对封闭、半封闭水体的污染和富营养化效应越来越严重。为有效控制面源污染，应以建设社会主义新农村为契机，优化调整农业产业结构和布局，综合防治农业和农村面源污染；开展农田径流、畜禽粪便、秸秆废渣、乡镇企业排污和水土流失等面源污染控制工作；逐步完善农村垃圾的收集、贮存、运输和处理处置系统；加强宣传教育，普及面源污染控制知识，推动公众参与，积极开展面源污染控制；与生态农业建设、农业产业结构调整相结合，推进农业清洁生产，合理施用化肥，减少化肥流失引起的面源污染；实施虫害综合防治，减少化学农药施用量；高度重视养殖场的污染控制，加强小城镇环保基础设施建设，控制农村环境污染。

（二）大规模水生态修复

水生态修复要确立生态优先的理念，从水生态属性出发，优先保护水生态功能，合理划定水环境功能类别，建设生态屏障，科学评估经济开发活动所产生的环境影响，为区域可持续发展留足生态空间。

1. 尊重流域生态属性，遵循生态规律

世界上大江大河流域的开发和发展基本经历了"先污染，后治理""边发展，边治理""先治理，少污染"等不同阶段，形成了不同的发展模式和结果。流域的生态属性主要有不可替代性、脆弱性、服务性和区域生态系统的支持性，具有旅游、饮用、航行、灌溉等诸多功能；流域生态规律主要体现在以生态结构的合理性、功能的良好性和生态过程的完整性为目标。回顾、总结和吸取以往的经验教训，一个重要的核心问题是在流域经济开发中，要尊重流域的自然生态属性，遵循生态规律，这是现代流域经济开发管理的中心法则，也是实现经济快速增长的基础和条件。流域的开发和发展必须将生态属性和生态规律纳入经济社会规划之中统筹考虑，在经济与环境的协调中实现可持续开发。流域一旦丧

失自然生态功能，其治理过程会十分艰巨，工程技术将难以奏效，经济代价会异常高昂，生态系统恢复将极其缓慢。

2. 建设生态屏障，留足生态空间

流域的开发和发展是以资源与环境消耗为代价的，不可避免地会产生各种污染和生态问题，需要运用各种工程技术、自然环境的净化力等措施加以消除和缓解。当前，各地在水环境开发战略中，要切实根据规划中的可持续开发原则，科学规划与划定生态功能保护区的范围和目标，加快生态屏障、绿色通道的建设，加强自然生态恢复工程建设，尽可能多地保留生态湿地。

3. 充分重视生态功能开发

在现代科学技术发展的前提下，随着流域管理思想的逐渐成熟，流域管理系统化、信息化和生态化的趋势日益突出。要充分考虑流域生态环境的承载力，注重具有生态服务功能的航运业、旅游和服务等相关产业的开发，提高开发的综合效益。水环境生态区域是流域开发的基础和出发点，也是开发建设的重要内容之一，正确定位流域水环境生态区域非常关键。如果处理不当，极有可能成为经济社会快速发展的包袱。因此，根据流域自然生态环境的特点，结合经济发展的趋势，科学确定各开发单元的生态功能区域，建立一些重要的生态功能保护区、生态修复区、生态建设重点区和生态环境动态监测区等，具有重要的保障和支撑作用。

4. 建立流域生态补偿机制

生态环境补偿是指对生态环境产生破坏或不良影响的生产者、开发者、经营者对环境污染、生态破坏进行的补偿。对环境资源由于现在的使用而放弃未来价值进行补偿，是一种新型的环境管理模式。当前，要加快建立流域上中下游之间的补偿。生态环境资源的特点决定了它不仅是所在地的权益，而且也是整个社会的权益。从流域来看，下游地区对上游地区的生态保护要进行积极和必要的补偿。流域的补偿，既可以是跨省的，也可以是省内跨市、跨县的。要在流域尺度上，建立流域间的利益补偿机制。上游的生态环境保护促进了下游的经济发展，上游地区保护生态环境付出了成本，受益的下游地区应当分担一部分，对上游地区进行环境补偿。同样，如果上游地区不加强污染防治和生态建设，造成对下游地区的污染和破坏，则上游地区也应该对造成的环境损害进行赔偿。按照"谁达标，谁受益；谁超标，谁补偿"的双向补偿原则，建立水环境资源区域补偿制度和上下游地方政府对水环境质量负责的经济补偿制度。

5. 水生态环境功能保护区划

针对我国地域广阔、水环境特征差异显著的特点，需要依据区域自然环境特征，在"以人为本、水质安全、水生态健康"和"分区、分级、分类、分期"的理念支持下，以公平和效率为原则，在重点流域率先开展水生态分区与水环境功能区划，制定流域水生态环境功能分区管理办法，研究推行水生态环境功能区划管理，实现流域环境管理模式的转型。

第三章 新时代绿色发展道路的生成逻辑

第一节 绿色发展的三维目标

一、绿色发展道路的"三维目标"概述

我们必须树立自然、人、社会有机整体思维，以此来认识和把握绿色发展观，强调生态系统、经济系统、社会系统之间的系统性、整体性和协调性。在绿色发展理念系统性的基础上，用自然、人、社会有机整体思维探索绿色发展道路。因此，建设生态文明，走绿色发展道路，必须树立经济、社会与生态的整体性发展的"三维目标"（见图3-1）。

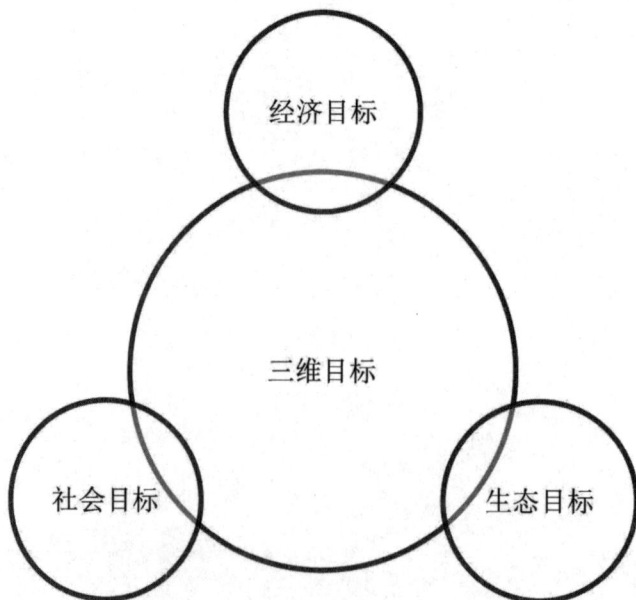

图 3-1 绿色发展道路的"三维目标"

改革开放以来，我国经济发展模式经历了从"以经济建设为中心"到"物质文明建设和精神文明建设两手抓"，再到"物质文明、精神文明和政治文明"三位一体，进而"经济建设、政治建设、文化建设和社会建设"四位一体，直至党的十八大提出的"经济、政治、文化、社会、生态文明"五位一体发展体系。从中可以看出我国经济社会发展目标的不断演变过程，从单一的经济建设目标逐渐发展到经济、社会、生态等综合目标。这个新的经济社会发展目标体系，不仅体现了经济目标，也体现了社会目标和生态目标，表明我们党和国家发展战略和理念的转变，不仅要继续保持经济增长，而且强调发展成果要由人民群众共享，同时还要保护好生态环境。

二、绿色发展的社会目标：共享发展成果，最终实现共同富裕

绿色发展不仅强调经济的绿色化，同时也注重社会的绿色化，即经济与社会发展中的共享性问题。绿色发展的社会目标就是要共享发展成果，最终实现共同富裕。

重视和强调走共同富裕道路，是中国特色社会主义应有之义。面对当前收入分配差距过大的趋势，强调和着力于共同富裕，更具有重要的理论和现实意义。但是，在着力于保障和改善民生，提高人民收入和生活水平，让人民过上好生活，描绘未来共同富裕的美好愿景时，不要在宣传中形成激励广大群众不切实际的片面期待与需求，忽视了另一重要方面，即广大劳动人民群众应为建设社会主义和美好家园"各尽所能"，齐心奋斗，为社会多做贡献。

由此可见，建设生态文明、走绿色发展道路的根本目标之一就是要最终实现共同富裕。需要指出的是，共同富裕并不代表均富，而是一种更高层次上的富裕程度，代表了一种社会公平正义的体现，一方面体现社会贫富差距的缩小，另一方面在某种程度上可以理解为创造财富的机会平等。

三、绿色发展的经济目标：从黑色增长到绿色增长

现在，清洁的空气、舒适的环境也构成了经济增长目标中非常重要的部分。因此，追求经济发展的质量和效益，不仅要提高经济增长的科技含量，更要提高生态含量，实现绿色增长。

绿色发展的经济目标，不仅是 GDP 增长，而且要实现绿色增长，包括经济增长内容的绿色化、增长方式的绿色化。这就要求我们应加大环境友好型产业的比重，对工业文明

的污染型产业改造升级；加大绿色产业的比重，让 GDP 变轻、变绿，推进工业文明的黑色经济或褐色经济向生态文明绿色经济发展的根本转变。

四、绿色发展的生态目标：从生态赤字到生态盈余

保护生态环境、实现生态可持续性是绿色发展的应有之义。绿色发展的生态目标就是要从一个生态赤字的国家变为生态盈余的国家。能源资源开发利用效率大幅提高，能源和水资源消耗、建设用地、碳排放总量得到有效控制，主要污染物排放总量大幅减少，主体功能区布局和生态安全屏障基本形成。

衡量一个国家或地区生态持续性的重要指标是生态足迹。在未来一二十年内，中国社会经济系统消费可能依然危及本国的生态系统，并对全球生物承载力施加更大的压力。随着城市化、工业化和全球化的快速发展，我国人均自然资源需求将进一步增长。在不采取措施的情况下，人口数量与人均生态足迹的双重增长，势必导致更大的生态赤字，现时的经济发展冒着消耗未来子孙赖以生存与发展的自然资本赋存的危险。

绿色发展的生态目标就是要通过划定生态红线、生态保护补偿机制、自然资源资产管理等制度实现生态盈余。

第二节　绿色发展的战略目标

新时代我国社会主要矛盾是人民日益增长的美好生活需要和不平衡、不充分的发展之间的矛盾，必须坚持以人民为中心的发展思想，不断促进人的全面发展实现全体人民共同幸福。而实现全体人民的共同幸福，正是绿色发展的目标所在。

一、民生幸福：绿色发展的至上价值诉求

追求幸福，是人们向往的目标和为之奋斗的动力。"多谋民生之利，多解民生之忧"，"民生"是和谐社会的基础，民生幸福是绿色发展的至上价值诉求。

（一）民生幸福：当代社会最大的政治

绿色是每个人、每个国家、每个民族繁衍生息和永续发展的重要保证，是实现人与自

然和谐，建构美丽中国的必然要求，是实现人民幸福价值追求的重要指标。民生幸福是绿色发展的核心要义，没有良好的生活环境，经济再发达，人民也不会幸福。民生幸福包含实现生态价值导向的人与社会的现代化和中华民族的永续发展的目标。亚里士多德说，幸福就是至善，是快乐的生活，是一种符合德行的现实活动。当前，我国的经济发展创造了人间奇迹，但环境的好坏是幸福指数高低的重要体现，不解决这些与群众民生息息相关的环境问题，幸福就无从谈起，和谐社会就无从谈起。山清水秀同时贫穷落后不行，殷实小康之后环境退化更不行。当前妥善处理经济发展、社会进步与能源资源、生态环境、气候变化的关系，已经成为关系经济社会发展全局和人民福祉的重大问题。绿色发展坚持以人为本，将民生幸福作为最高的价值诉求。绿色发展认为社会发展是以人为中心的社会经济、政治、文化、生态等诸多领域全面协调互动的过程，是实现人的各种需求，体现人的本质的过程，满足人的基本生存权，同时更强调人的精神和价值，将人的发展作为社会发展的终极目标。建设中国特色社会主义的总体布局由"四位一体"扩展为"五位一体"，是从中国未来发展战略的高度对生态价值的最新肯定。马克思主义生态观主张人与自然辩证统一，既承认自然的先在性，也强调人的主体性，努力构建人与生态的和谐共存。从民生幸福出发，表明了中国在处理人与生态的关系上的立场。从这个意义上说，民生幸福便是生态的价值所在。

（二）公平正义：民生幸福的制度保障

公平正义是人的基本权利和制度安排的重要保障，是社会健康有序发展，人民能够安居乐业的基本前提，是实现民生幸福的制度保障。人们在追求幸福生活，获得幸福感的过程中，公平正义是始终贯穿其中的核心社会价值维度，是实现民生幸福的基本治理理念。正义是法律规范和制度安排的内容，是对人类影响以及增进人类幸福与文明建设方面的价值。正义的关注点被认为是一个群体的秩序，或社会制度是否符合实现其基本的目标。正义是指满足个人的合理需要，同时促进生产进步和提高社会内聚性的程度——是维系文明的社会生活必需——就是正义的目标。实现人的全面发展与社会的和谐完善是公平正义的终极目标追求。所有文明的标志是对人的尊严和自由赋予的尊重。公平正义倡导社会发展的正义性，要求在发展中遵循以人为本的原则，维护人的基本利益，尊重人的人格尊严，使人共享社会发展的成果。人与人之间的和谐社会关系不仅是民生幸福的社会基础，更是公平正义的价值目标。公平正义旨在变革、建构社会合作体系，为人类的幸福生活提供保障。尊重人的基本权利是实现民生幸福的前提和主旨，民生幸福需要良好的制度和环境，良好的制度、环境的维系离不开人的努力，更离不开公平正义的信念。因而，公平正义是社会有序发展、人们安居乐业的重要保证。

（三）绿色惠民：人民主体地位的体现

治政之要在于安民，安民必先惠民。贯彻绿色发展，实施环境治理，开展生态修复，建设美丽中国，不仅是基于当前中国严峻的生态环境形势而产生的现实响应，也是促进人的全面发展、惠及每一个人、推动社会向前发展的必要条件。绿色发展之路首先是绿色惠民之路。绿色发展理念以绿色惠民为基本价值取向，彰显了我们党对新时代惠民之道的深刻认识。绿色发展直接关乎人民群众的生命安全和身体健康。随着经济社会发展和人民生活水平的提高，人们对生态环境的要求越来越高，生态环境质量在幸福指数中的地位不断凸显。绿色发展关系人民福祉，保护生态环境就是保障民生，改善生态环境就是改善民生，绿色发展的根本目的是改善人民生存环境和生活水平，推动人的全面发展。坚持绿色发展、绿色惠民，关系到最广大人民的根本利益，关系中华民族发展的长远利益，是我们党新时期增进民生福祉的科学抉择。这一判断，展现了党随时随地倾听人民的呼声、回应人民的期待的民生情怀。

二、两型社会：绿色发展的必由路径选择

"两型社会"是在对传统经济发展模式进行反思的基础上建立起来的，是通过解决资源问题和环境问题，推动资源节约和环境友好的一种新型的经济社会发展模式。绿色发展与"两型社会"建设环环相扣，这是一个认识和实践不断发展的过程，"两型社会"是绿色发展的必由路径选择。

（一）加快"两型社会"建设

建设"资源节约型"和"环境友好型"社会是国民经济与社会发展的一项长期战略任务，是从我国国情出发而做出的一项重大决策。"两型社会"的提出是我国经济、社会、环境协调发展的战略选择，为推动中国经济社会的新一轮发展指明了方向。资源节约型社会是指在社会生产、沟通、消费的各个领域，通过采取综合性措施，提高资源利用率，以减少资源消耗获得最大的经济效益和社会效益。环境友好型社会主要指以实现人与自然的

和谐为重点，以实现人与人之间的和谐为目标，在环境资源承载力范围内遵循自然规律，建立人与自然环境、社会环境友好发展的一种社会状态。绿色理念的提出，有助于提高全民的绿色发展自觉，对于人们进一步加深对资源节约、环境保护的认识，加快建设"两型社会"具有重要意义。"两型社会"要求经济社会发展的方方面面都要符合生态规律，倡导"低投入、低消耗、低污染、高效益"，讲求的是注重效益、节约资源、注重质量。加快"两型社会"建设是当前破解经济难题和实现可持续发展的重要途径。"两型社会"将经济运行过程与资源运行过程、生态环境运行过程相结合，推进可持续发展，是一种全新的经济社会发展方式。应坚持节约资源和保护环境的基本国策，坚定走生产发展、生活富裕、生态良好的文明发展道路，加快建设"两型社会"，形成人与自然和谐发展的现代化建设新格局，推进美丽中国建设，为全球生态安全做出新贡献。

（二）"两型社会"是绿色发展的重要标志

无论是"资源节约型"还是"环境友好型"，都是建立在人与自然友好相处的基础之上的，都是绿色发展的重要标志，绿色发展蕴含着节约能源资源和保护环境的内容。"两型社会"与绿色发展有着共同的目标和追求——人与自然和谐共生。绿色发展，是指发展环境友好型产业，保护和修复生态环境，降低能耗和物耗，发展低碳技术和循环经济，使经济社会发展与自然发展协调一致。"两型社会"倡导均衡发展、节约发展、低碳发展、清洁发展、循环发展和安全发展的新型发展理念，主张建立人与自然的良性互动，建构经济社会和环境协调发展的社会体系。实现人与自然的协调，必须对传统的生产方式进行变革，要求人类树立绿色发展观念，改善人类与自然的关系，促进人、自然、社会的和谐发展。绿色发展以合理消费、低消耗、低排放、生态资本不断增加为主要特征，以绿色创新为途径，促进经济社会和人的全面发展，实现人与人之间、人与自然之间的和谐。这与"两型社会"倡导的节约资源、保护环境高度契合。绿色发展致力于构造一个以环境承载力为基础、以自然发展规律为准则、以社会经济文化政策的可持续为抓手的资源节约和环境友好的社会。因此，"两型社会"的目标和追求都内含在绿色发展之中。

三、生态文明：绿色发展的精神内核强化

生态文明概念的提出，意味着党在国家战略层面对建设怎样的生态中国、怎样建设生态中国这一重要问题进行思考和布局。绿色发展和生态文明是相互促进、共荣共生的，生

态文明关乎全人类的福祉，人们需要为此不断努力，绿色发展作为实现生态文明的必然选择，我们就必须予以坚持。两者共同为人类的发展提供了方向和方法。

（一）生态文明的理论内核

生态文明是对工业文明的变革性反思，生态文明就是用较少的自然资源消耗获得较大的社会福利。生态文明的概念，延续了人类社会原始文明、农耕文明、工业文明的发展脉络，是人类文明的全新形态。将生态文明建设的理念融入包含经济建设，政治建设、文化建设、社会建设在内的，建设具有中国特色社会主义事业的总体布局中，不仅反映了人类文明的发展方向，更是我们党执政理念的新发展，是建设美丽中国，实现伟大中国梦的必由之路。建设生态文明，是关系人民福祉、关乎民族未来的长远大计。必须树立尊重自然、顺应自然、保护自然的生态文明理念，把生态文明建设放在突出地位，将其融入经济建设、政治建设、文化建设、社会建设的各个方面和全过程，努力建设美丽中国，实现中华民族永续发展。以生态文明建设为导向，以绿色发展道路为路径，实现人类社会发展的进步。

生态文明建设的前提是发展，只有发展才能满足人民群众日益增长的美好生活的需要，要把握发展规律、创新发展理念，转变发展方式，提高发展质量。着力树立人和自然的平等理念，将发展和生态保护密切联系起来，在发展的前提下不断改善生态环境，在保护生态环境的基础上发展，做到经济发展和生态保护两手抓、两手都要硬。物质文明和生态文明没有先后区分，建设生态文明既是经济发达地区的事，也是欠发达地区应当树立的发展理念。对于欠发达地区而言，不能只顾及眼前利益和局部利益。生态文明是实现人、经济、社会与自然的全面、协调、可持续发展的现代文明，人和自然的和谐是人与人、人与社会和谐的前提。生态文明建设的目的是不断提高人的生活质量、从解决人民群众最关心、最现实的利益问题出发，解决好人民群众关注的环境问题，创造适合人的本性的良好生态环境，使人们在优美的环境之中工作和生活。生态文明建设的途径是加强生态文化建设。马克思主义认为，意识对于物质具有反作用。环境危机的实质不仅是单纯的经济和技术问题，而且还是文化观念以及价值取向问题。只有生态意识清楚，才能产生符合生态要求的行为。当前，只有全社会树立与保护生态相一致的政绩观、消费观，并形成尊重自然、热爱自然、善待自然的良好氛围，才有可能搞好生态建设。因此，建设生态文明不但包含污染治理、生态环境保护和维护生态安全，还要把生态建设渗透到社会各个领域、各项活动之中，引导全社会公众自觉融入生态环境保护行列，树立新时代人与自然、人与人、人与社会和谐相处的生态观。

（二）生态文明建设的价值旨归

建设生态文明是中华民族永续发展的千年大计。建设生态文明是一个只有起点没有终点的世代工程。建设生态文明是我们党所取得的最新理论成果，创造性地回答了经济发展与资源环境的关系问题，为统筹人与自然的和谐发展指明了方向。建设生态文明的战略任务，是我们党随着对社会主义现代化建设实践的不断深化，深刻把握经济社会的发展规律，在继承中创新，在创新中发展。建设生态文明为实现人与自然和谐均衡发展提供了路径选择。生态文明是我们党顺应广大人民群众新期待，坚持以人为本，执政为民，保护最广大人民群众的环境利益的生动体现。随着经济社会的快速发展，良好的生态环境越来越成为人民群众最关心的现实问题。建设生态文明，是让人民群众喝上干净的水，呼吸到新鲜的空气，吃上洁净的食品。创造良好的生产生活环境，既能改善民生、巩固党的执政基础，也能丰富中国特色社会主义事业的发展范围。中国特色社会主义社会是经济发达、政治民主、文化先进、社会和谐的社会，也是生态环境良好的社会。其中，经济发展是基础，政治发展是保障，文化发展是引领，社会发展是目的，生态发展是前提。自然界是人类生存和发展的基本条件，只有在良好的生态环境中，人类才能发展壮大。正如马克思指出，"人靠自然界生活"，"人是自然界的一部分"。人类所生存的地球面积、空间、资源是有限的，它的承载能力也有一定的限度，人类的各项活动必须保持在地球的承载能力之内。生态文明建设对于维护全球生态安全和人类繁衍生息、拯救人类自身具有重要意义。生态文明建设有助于唤醒全社会公众的生态忧患意识，引导公众积极主动地保护生态环境。

四、美丽中国：绿色发展的崇高目标彰显

"美丽中国"是绿色发展的目标指向。"美丽中国"是一个集合和动态的概念，主要指自然生态保育和环境质量改善，人民群众日益增长的美好生活需要，其中的重要组成部分正是对于"美丽中国""美丽家园"的深度渴望。

（一）"美丽中国"的时代视域

"美丽中国"是对新时代中国特色社会主义思想的正确反映，具有鲜明的时代特性。

"美丽中国"指的是生态文明的自然之美、科学发展的和谐之美、温暖感人的人文之美，其旨意是科学发展、和谐发展、小康社会。其中包含了促进现代化建设各方面相统一，推动生产力与生产关系、经济基础与上层建筑相协调的"生产发展，生活富裕，生态良好"的文明发展成果。中华民族自古以来就对美好生活抱有无限向往并为之不懈追求，精卫填海、女娲补天、大禹治水、愚公移山等传说生动地反映了中国古代劳动人民征服自然、改造自然、追求幸福生活的向往。"清风明月本无价，近水远山皆有情。"环境就是民生，青山就是美丽，蓝天就是幸福。"美丽中国"与中华民族对美好生活的向往相适应，"美丽中国"具备了实现的基础和务件。改革开放以来，中国由一个物质匮乏、贫穷落后的欠发达国家成为经济总量位居世界第二的国家，经济实力和科技实力显著增强，人民的生活水平和居民的收入水平大幅提升，综合国力和国际影响力明显提高，为建设"美丽中国"提供了良好的基础。作为体现"美丽中国"最显著特征的生态文明被列入中国特色社会主义总体布局当中，经济总量的持续增长、发展方式的转型为建设"美丽中国"奠定了牢固的物质基础。绿色发展是美丽中国的底色。绿色是生命色、自然色，绿色发展是未来经济的方向、人民群众的期盼。因此，中国共产党提出了必须走中国特色新型工业化、信息化、城镇化、农业现代化的发展道路。社会主义的民主法治建设已经迈开新步伐，为建设"美丽中国"提供了制度保障。社会主义的文化建设取得了新成就，人民的精神文化生活日趋丰富多彩，为建设"美丽中国"提供了强大的精神动力和智力支持。社会主义和谐社会建设获得了新进步，为建设"美丽中国"提供了良好的社会环境和社会条件。中国北京世界园艺博览会，提出"让园艺融入自然，让自然感动心灵"的美好理念，传递绿色发展价值理念的精彩演出，在世界人民面前展现了一个动人的美丽中国。

（二）"美丽中国"的科学内涵

"美丽中国"是科学发展观的新论断，是建设和谐社会的新举措，是全面建成小康社会的新战略，是马克思主义中国化最新理论成果的新愿景。党的十八大报告指出，必须树立尊重自然、顺应自然、保护自然的生态文明理念，努力建设"美丽中国"。建设"美丽中国"要求对现有的文明进行整合，物质文明、精神文明、政治文明、社会建设都实现与生态文明建设内在要求相一致的生态化转向，为中国人民创造美好生活环境的同时，引领中国迈向更高层次的文明。"美丽中国"包含五个方面的内涵：一是生态文明的自然之美。自然的生态之美是"美丽中国"的根本特征，体现在"资源节约型、环境友好型"社会的基本形成，污染物排放总量明显减少，人居环境明显改善，城镇田园化、城乡一体化初步实现。二是物质文明的科学之美。包括新型工业化、信息化、城镇化、农业现代化的全面推进，经济发展中科技的贡献显著提升，城乡差别、区域差别明显缩小，新农村建设成效显著，经济实现了全面协调可持续的发展。三是精神文明的人文之美。内含了社会主义核心价值深入人心，社会文明程度明显提高，公共文化服务体系基本建成，文化产品更加丰富，人民群众享有充分的文化熏陶，中华文化对世界的影响显著增强。四是政治文明的民主法制之美。体现在生态文明的理念成为执政的基本理念，廉洁奉公日益成为常态化的政治氛围，人民的政治民主权利得到切实保障，依法治国基本方略全面实施。五是社会文明的幸福之美。社会文明主要体现在人与社会和谐关系，幸福和谐的社会生活是建设"美丽中国"的最终归宿。社会文明的幸福之美包括：人民热爱生活，有更好的教育、更满意的收入、更高水平的医疗卫生服务、更美的环境等。把人民向往的美好生活具体化为人民满意的工作、美好的生活条件，并将社会文明的幸福之美升华到执政兴国的奋斗目标的高度，牢记"人民对美好生活的向往，就是我们的奋斗目标"。

（三）"美丽中国"的理论价值

1. "美丽中国"发展了中国特色社会主义理论体系

中国特色社会主义理论体系是建设"美丽中国"的精神旗帜和强大的思想武器。马克思、恩格斯对于"美"指出"按照美的规律来建造"，是人类区别于动物的生命活动方式。这种"建造"从人的生存需要出发，但是对于对象客体尺度的把握，不能是主观随意地建造。"美丽中国"体现了生态文明的鲜明特征，将生态文明对物质文明、精神文明、政治文明进行整合与重塑，最终体现在和谐幸福的社会生活上，将中国特色社会主义事业提高到一个全新的水平。这一思想的丰富和完善，开拓了马克思主义中国化的新境界。建设美丽中国关系到中华民族的永续发展和亿万百姓的民生福祉。"美丽中国"概念的提出标志着中国共产党开始从国家发展战略层面布局"建设什么样的生态中国，怎样建设生态中国"这个重要问题。作为"中国梦"的重要组成部分，"美丽中国"是在对新世情、新国情和新党情的新变化和新形势进行深刻分析和科学判断的基础上提出来的，体现了中国共产党建设生态文明，全面建成小康社会，实现和谐社会的价值目标向度，是马克思主义中国化的最新成果的价值目标追求。

2. "美丽中国"提供了世界各国可供借鉴的范式

建设生态文明家园，承担自身的国际责任。立足当代中国面临的全球性问题，提出建设"美丽中国"的目标，深化了我们党对中国特色社会主义总体布局的认识，彰显了中华民族对子孙后代、对世界负责任的精神。实现绿色发展客观上要求人的行动实践具有世界性，绿色发展的本质是人与自然的和谐共生，依赖于全球生产力的高度发展以及交往的全球性视野，也依赖于各民族的文明融合和世界文明的共享。中国正在广泛吸纳世界各国文明发展的生态智慧，凝聚全民共识，积极应对现代化进程中出现的生态危机，努力开辟一条新型的发展道路，实现生态现代化。中国在发展过程中，在理念、制度、战略、法律、发展方式等方面，为国际社会提供了完善的、成熟的范式，积极参与国际环境标准设定，承担大国应有的国际责任。中国在进行绿色发展和建设生态文明家园的同时，也正在为建设世界生态文明做出积极的贡献。

第三节　绿色发展的战略转变

一、大力发展绿色产业经济，着力推进我国产业结构由黑色产业结构向绿色产业结构的战略转变

21 世纪，世界产业经济发展的巨大变革与产业结构演变的全方位变化，归根到底是产业结构的软化和绿化，即产业结构知识化与生态化及其相互协调与融合发展。产业结构绿化，是组织生态化的物质生产和知识生产过程或服务过程，使整个社会生产技术工艺过程和经营管理过程生态化。产业结构绿色化的本质，是产业经济的生态化与生态的产业经济化的一体化。

衡量一国经济发展程度的指标不仅要关注经济总量，同时还要关注其产业结构，即经济总量的构成情况。必须通过发展绿色产业经济，提高资源、能源的利用效率，降低传统产业的碳强度，促进我国经济结构和工业结构优化升级。

为了实现生态文明绿色发展目标，必须大力发展绿色产业经济，着力推进我国产业结构由黑色产业结构向绿色产业结构的战略转变。所谓绿色产业结构包括产业结构的绿化和软化，一方面要优化产业结构的构成，大力发展科技含量高、资源消耗少的新兴产业，主

要包括环保产业、高科技产业和各种服务业等；另一方面要对传统污染产业进行绿化，即采取淘汰落后产能、技术改造升级等方式降低传统产业的能源消耗和环境污染，实现产业的绿色化。

产业结构的绿化和软化，可以实现让 GDP 变绿、变轻的目标。同样的 GDP 总量，由于内容构成不同，代表的社会福利可能相差很大。如果一国的经济主要是由煤炭、电力、汽车等构成，而另一国的经济主要由音乐、艺术、体育等构成，其给国民带来的福利显然是不同的。

二、积极发展低碳经济，着力推进能源结构由高碳黑色能源结构向低碳绿色能源结构发展

工业文明发展走的是"高投入、高消耗、高污染、高产出"的道路，从能源结构来看，就是高碳黑色能源结构的发展模式。这种模式是以大量消耗煤炭、石油等高碳能源来换取一时的经济增长，从长期来看是不可持续的。

从世界范围来看，随着全球经济社会的发展，对能源特别是石油的需求十分强烈。目前全球能源争夺十分剧烈，一些地区性冲突或争端，相当一部分是为了争夺石油等自然资源引起的。另外，传统煤炭、石油等能源消耗所带来的环境问题同样引起了世界范围的关注，特别是全球气候变化，发达国家和发展中国家在碳减排问题上不断进行谈判和博弈。因此，转变提高能源使用效率，转变能源结构，已成为世界各国的共识。

我国必须大力发展低碳经济，提高可再生能源比重，这样可以有效地降低一次性能源消费的碳排放。

要实现能源结构的战略转变，必须从以下几个方面努力：

第一，建立应对气候变化的法律法规，形成低碳发展的长效机制。走低碳发展之路，制度创新和技术创新是关键。因此，我国应开展"应对气候变化法"立法可行性研究。在相关法规修订中，增加应对气候变化的有关条款。例如，可以在规划、项目批准、战略环评的技术导则中加入气候影响评价的相关规定，逐步建立应对气候变化的法规体系。应加强管理能力建设，提高各级政府、企业及公众适应和减缓气候变化的能力。探索建立有利于应对气候变化的长效机制与政策措施，从政府、企业和公众参与等方面推动低碳转型。借鉴和吸取国外发展低碳经济的经验和教训，制订气候变化国家规划，在条件相对成熟时创建碳市场，研究制定价格形成机制；制定财税激励政策，综合考虑能源、环境和碳排放

的税种和税率，引导企业和社会行为，形成低碳发展的长效机制。

第二，建设低碳城市和基础设施，为我国未来的低碳发展创造条件。将低碳理念引入设计规范，合理规划城市功能区布局。在建筑物的建设中推广利用太阳能，尽可能利用自然通风采光，选用节能型取暖和制冷系统；选用保温材料，倡导适宜装饰，杜绝毛坯房；在家庭中推广使用节能灯和节能电器，在不影响生活质量的同时有效降低日常生活中的碳排放量。重视低碳交通的发展方向，加强多种运输方式的衔接，建设形成机动车、自行车与行人和谐的道路体系；建设现代物流信息系统，减少运输工具空驶率；加强智能管理系统建设，实行现代化、智能化、科学化管理；研发混合燃料汽车、电动汽车等新能源汽车，使用柴油、氢燃料等清洁能源，减轻交通运输对环境的压力。

第三，加强国际合作，形成低碳研发技术体系。走低碳发展道路，技术创新是核心。①采取综合措施，为企业发展低碳经济创造政策和市场环境；②研究提出我国低碳技术发展的路线图，促进生产和消费领域高能效、低排放技术的研发和推广，逐步建立节能和能效、洁净煤和清洁能源、可再生能源和新能源以及森林碳汇等多元化的低碳技术体系，为低碳转型和增长方式转变提供强有力的技术支撑；③进一步加强国际合作，通过气候变化的新国际合作机制，引进、消化、吸收先进技术，通过参与制定行业能效与碳强度标准、标杆，开展自愿或强制性标杆管理，使我国重点行业、重点领域的低碳技术、设备和产品达到国际先进乃至领先水平。

第四，倡导低碳生活，从消费端来推动低碳经济。因为能源很大程度上是由消费来驱动的，消费端是能源消耗的终端，在节能上有放大作用。

总之，发展低碳经济，是我们转变发展观念、创新发展模式、破解发展难题、提高发展质量的重要途径，应通过能源结构的调整、科学技术的创新、消费方式的改变和优化、政策法规的完善等措施，大力发展低碳经济，努力建设生态文明，实现绿色发展。

三、着力发展循环经济，全面推进经济发展模式由工业文明最高代价生态外生经济模式向生态文明最低代价生态内生经济模式的战略转变

工业文明时代经济发展模式的一个重要特点是最高代价生态外生型经济模式。这种发展模式有两个基本特征，一个特征是发展的代价高，特别是资源环境代价。虽然经济发展取得了较大成绩，但因此付出的代价也很高昂，大量自然资源被低效率地消耗，环境污染十分严重。另一个特征是生态外生型，即将生态环境作为经济发展的外生变量。从经济发

展理论来看，古典经济学家将自然资源置于较高的地位，土地是财富之母，但这种认识是朴素的思想。现代经济学理论中，无论是经济增长理论还是新经济增长理论，将自然置于经济增长的外生变量。在实践中导致过度开发自然资源的行为，从而为此付出了高昂代价。

为了实现绿色发展的战略目标，必须全面推进经济发展模式由工业文明最高代价生态外生型经济模式向生态文明最低代价生态内生型经济模式的战略转变。这种模式的特点就是要将生态环境作为内生变量纳入经济增长中，降低经济增长的生态环境代价。随着生态环境问题的日益严重，人们对生态环境的重视越来越高，西方国家学术界先后提出了庇古税、科斯交易，其实质都是将经济发展的环境负外部性内部化。但无论是庇古税还是科斯交易，它们都没有从根本上解决环境问题，即将生态环境作为内生变量纳入经济增长中。因此，在实践中也无法完全有效地解决环境污染问题。只有将生态作为经济发展的内生变量，才能从根本上解决环境污染问题，实现生态文明最低代价的经济发展模式。

生态文明最低代价生态内生经济模式的重要载体就是循环经济。1966 年，美国经济学家肯尼斯·鲍尔丁在《一门科学——生态经济学》中首先正式提出了"生态经济学"的概念和生态经济协调发展的思想。随后，鲍尔丁又提出"宇宙飞船理论"，明确提出用"循环式经济"代替旧的"单程式经济"的思想，将经济发展与生态保护统一起来，为循环经济的发展奠定了基础。循环经济的基本原则是"3R"原则，即减量化原则（Reduce）、再利用原则（Reuse）和再循环原则（Recycle）。

目前，循环经济已经在我国得到广泛实践，国家也制定了《循环经济促进法》《循环经济发展评价指标体系》，开展了循环经济试点工作等，取得了较明显的成效。但与生态文明建设和绿色发展理念目标相比，还须加大循环经济发展力度，真正实现经济发展模式由工业文明最高代价生态外生型经济模式向生态文明最低代价生态内生型经济模式的战略转变。

四、全力发展创新经济，着力推动经济发展由要素驱动与黑色增长向创新驱动与绿色增长的战略转变

从世界历史来看，全球每一次大的经济危机都会伴随着科技的新突破，进而推动产业革命，催生新兴产业，形成新的经济增长点。进入 21 世纪，生物技术、新能源、新材料、空间技术以及环保技术等在开发和利用上的突破已见端倪。全球新一轮科技革命、产业变

革和军事变革加速演进，科学探索从微观到宏观各个尺度上向纵深拓展。以智能、绿色为特征的群体性技术革命将引发国际产业分工的重大调整，颠覆性技术不断涌现，正在重塑世界竞争格局，创新驱动成为许多国家谋求竞争优势的核心战略。发达经济体不甘没落，力图以科技创新为核心，维护长久建立起来的优势地位；新兴经济体则在改变以往较重视承接技术转移的取向，希望以创新为突破口奋起直追，利用新一轮科技创新实现赶超。我国既面临赶超跨越的难得历史机遇，也面临差距拉大的严峻挑战。唯有勇立世界科技创新潮头，才能赢得发展主动权，为人类文明进步做出更大贡献。

必须依靠创新驱动打造发展新引擎，培育新的经济增长点，持续提升我国经济发展的质量和效益，使当今我国现存的发展方式从以规模扩张为主导的粗放型增长向以质量效益为主导的绿色发展转变；发展要素从传统要素主导发展向创新要素主导发展转变；资源配置从以研发环节为主向产业链、创新链、资金链统筹配置转变；创新群体从以科技人员的小众为主向大众创业、万众创新转变。因此，我们要努力实施创新驱动发展战略，加快实现由要素驱动与黑色增长向创新驱动与绿色增长的战略转变，为我国经济绿色发展提供强大动力，从而全面提升我国经济发展的质量和效益。

五、努力发展生态市场经济，着力推进中国特色社会主义市场经济体制向中国特色社会主义生态市场经济体制的战略转变

我国提出生态文明建设、美丽中国、绿色发展等发展目标和理念，必须推进中国特色社会主义市场经济体制向中国特色社会主义生态市场经济体制转变。生态市场经济的内涵主要包括：①它是生态文明绿色发展指导下的经济活动。生态市场经济是与我国建设生态文明、践行绿色发展理念相符合的经济体制，这种体制必然受生态文明绿色发展思想的指导，具体表现就是这种经济体制下各项制度的制定，经济主体的行为都要体现生态文明思想和绿色发展理念。例如，企业在追求经济利润的同时承担更多的社会责任和环境责任，政府在关注 GDP 的同时将环境保护和社会公平纳入主要目标，等等。②经济发展既要遵循经济规律，又要遵循生态规律。市场经济主要是依据经济规律组织生产活动，生态市场经济则不仅要求遵循经济规律，而且要求遵循生态规律，要将生态学的一些基本原理运用到整个社会再生产过程中。例如，废弃物的排放不能超过自然界的承载能力，资源消耗不能超过资源更新或替代技术的发明，遵循食物链规律，等等。③要求生态资源成为经济发展的内生要素。传统经济学的资源配置理论中的资源主要是指社会经济系统中的各种资源

（包括人力、物力和财力）；生态经济学的资源配置理论中的资源，不仅包括社会经济系统中的各种资源，还包括自然生态系统中的各种生态资源。因此，我们提出建立中国特色社会主义生态市场经济体制，其核心是要努力使生态成为社会主义经济良性运行与绿色发展的内生要素与内在机制，真正建立生态与经济一体化的生态内在的绿色发展经济体制。④发挥市场机制在资源配置中的决定性作用。生态市场经济同时具有生态性和市场性，在当前社会主义初级阶段，生态市场经济的市场性质就是要发挥市场机制在资源配置中的决定性作用，充分利用市场机制的调节手段，实现绿色经济发展。

由此可见，努力发展生态市场经济，就是要在生态文明思想的指导下，同时遵循经济规律与生态规律，将生态资源作为经济发展的内生变量，运用市场机制组织整个社会的再生产活动。实现绿色发展，就必须努力发展生态市场经济，推进中国特色社会主义市场经济体制向中国特色社会主义生态市场经济体制转变。

第四节　探索绿色发展道路的基本原则

一、生态优先的基本原则

走绿色发展道路，实质是走生态经济协调可持续发展的道路，必须正确处理经济社会发展与生态环境保护之间的关系，因此必须转变经济优先的观念，坚持生态优先的原则。这是绿色发展学说的最基本原则。

所谓生态优先原则，也就是生态经济学强调的"生态合理性优先"原则，即"人类经济活动的生态合理性优先于经济与技术的合理性"。具体来看，生态优先包含生态规律优先、生态资本优先和生态效益优先三大基本原则。其核心是建立生态优先型经济，即以生态资本保值增殖为基础的绿色经济，追求包括生态、经济、社会三大效益在内的绿色效益最大化。

生态规律具有优先于经济社会规律的基础性、前提性地位，人类的任何活动都必须遵循生态系统的平衡和自然资源的再生循环规律。人类在进行经济、政治、科技、文化等所有社会活动时，都要首先考虑生态规律的要求，遵循而不是违背生态规律。当经济社会规律与生态规律，市场原则、科技原则、政策制度原则等与生态保护优先原则发生冲突时，要服从生态规律和生态保护优先原则。

生态资本是重要的经济发展要素资本。从资本结构的角度讲，在构成当代经济发展基本要素的物质资本、知识资本、社会资本和生态资本之间，生态资本的保值增值从根本上决定了其他资本的保值增值，同样具有基础性、前提性地位，因此必须优先考虑和保证。生态资本是能够带来经济和社会效益的生态资源和生态环境，主要包括自然资源总量、环境质量与自净能力、生态系统的使用价值以及能为未来产出使用价值的潜力等内容。生态资本保值的含义是生态系统的保护和修复，生态资本增殖的含义是生态系统持续不断的自然优化和协调发展。

从人类当代经济活动的效益结构角度判断，在经济、社会、生态三大基本效益之间，生态效益已经突出为最具决定性、最应该确保的优先效益，当经济效益与生态效益发生无法调节的根本性矛盾冲突时，就必须果断舍弃一时的经济效益，坚决保护更为根本和长远的生态效益。

二、人口、物质、精神和生态四种生产与再生产相互适应与协调发展的基本原则

在工业文明的工业经济时代，人们对社会生产系统的认识，只看到物质生活资料的生产，不认识其他的社会生产。它的理论表现，就是传统政治经济学理论中的"生产"，是一个一义的概念，即是指物质产品的生产、流通、分配、消费。当然马克思主义政治经济学还有生产关系、生产与再生产。在人口经济学理论中的生产是一个双义的概念，即是指物质资料生产和人类自身生产。在环境经济学理论中的生产是一个三义的概念，即是指物质生产、人口生产和环境生产。而生态经济学与可持续发展经济学作为生态文明时代的经济学，它们认为生态经济社会生产系统是由物质、精神、人口和生态的生产构成的，刘思华先生把这四种生产理论概括为四种再生产相互适应与协调发展的理论。所以，在生态经济学与可持续发展经济学理论中的生产是一个概念，即是指物质生产、精神生产、人口生产和生态生产。这四种生产与再生产理论对世界系统"生态—经济—社会"有机整体健康运行与全面发展的看法，才是全面的、完整的，因而是科学的。它正确地反映了21世纪生态文明时代的生态经济社会再生产运行的全过程，抓住了绿色发展的本质。

建设生态文明，坚持四种再生产相互适应与协调发展的原则，促进绿色发展，要着重解决好以下几个重要问题：

第一，精神再生产与物质再生产相互适应与协调发展。在工业文明的工业经济时代，工业经济是物质资源密集型经济形态，创造财富的主要力量是物质资源和体力的结合，因而，物质资料再生产的扩大与发展，是整个社会再生产扩大与发展的主要驱动力，并成为经济增长和社会总资本积累的主要源泉。然而，工业文明增长经济的无限增长，却使精神生产与再生产严重滞后于物质资料生产与再生产。一方面，是高度发达的物质文明，物的世界大大膨胀，工业社会成为物质化社会；另一方面，是贫弱虚化的伦理精神，使人们丧失精神家园，任由精神这种内在性的、气质性的世界坍塌下去，这正是工业文明及其增长经济带来的时代危机的实质。生态文明及其绿色发展道路，所有经济活动和一切生产行为及其再生产运动，都依赖于知识积累和知识创新、智力创造，是知识生产和智力再生产的扩大与发展，成为整个社会再生产扩大与发展的主要驱动力。它必然成为绿色发展的主要驱动力。

第二，人口同物质与精神再生产相互适应与协调发展。在工业文明的工业经济时代，人口再生产同物质再生产与精神再生产的不适应、不协调，是工业文明增长经济再生产的严重弊端。人口再生产必须同物质与精神再生产相互适应、相互协调，不仅是人口再生产中的数量再生产，而且人口再生产中的质量再生产都要同物质和精神再生产相适应。如果人口的数量过多、质量太低，就会阻碍或延缓物质和精神再生产，反过来又制约着人口再生产，尤其是人口质量再生产的发展，而提高人口质量正是绿色发展的关键所在。

第三，生态再生产同人口与物质再生产相互适应与协调发展，这是生态经济与可持续经济运行的一项根本法则，也是绿色发展道路的一项根本法则。建设生态文明，走绿色发展道路，要求我们按照生态文明的生态经济社会发展的要求，实施适度发展战略，尤其是适度经济的经济规模和速度。实行适度物质消费增长战略，提倡人们降低物质要求，反对纵欲消费、奢侈浪费、黑色消费等过度消费，使物质生产与消费水平、生态生产力发展水平相适应、相协调。另外，我们必须全方位加强生态建设，通过生态治理与恢复，扭转生态再生产的萎缩。与此同时，我们需要制定切实可行的绿色发展战略，投资绿色创新，推进生态再生产的扩大与发展，实现物质再生产和生态再生产的相互适应与协调发展。

着力解决生态再生产和人口再生产相互适应与协调发展问题。生态经济学理论告诉我们，人或人类生活在两个世界：自然世界和社会世界。人所面对的自然界是人自身的自然与人身外的自然的统一体，自然界所面对的人是有机身体（血肉之躯）与无机身体（外部自然界）的统一体。因此，从地球生态系统这个母系统来说，生态再生产和人口再生产是人与自然有机统一体的两个方面，互为依托，共存共荣。生态再生产的目标与目的是要实现生态的发展、自然的健康、福祉，人口再生产的目标与目的是要实现人的发展、人的健康、福祉，并且两者必须也应该协调和谐发展。

从工业文明增长经济再生产所要实现的目标与目的来看，它既不关注人的发展，又不关注自然发展，而是将人对自然的依赖转换为人对人类社会、人类文明、权力与金钱的依赖。简而言之，就是对非自然环境即社会环境的过分依赖。这种依赖关系的形成是以牺牲人类的自然天性为代价的，是以消灭自然生态生产与再生产为代价的。20世纪的工业化、现代化的历史正式证明了这一点。从工业文明增长经济再生产过程来看，片面追求物质的无限增长，使人类向大自然索取物质资源的数量越来越多，速度越来越快，使人口再生产和自然生态再生产严重失衡，导致一系列违反人类的自然天性即人类本性的畸形的假发展。当今全球生态危机，实质上是人本身的危机。绿色发展道路的再生产，遵循生态再生产和人口再生产相互适应、相互协调的原则，就是要将人类对非自然环境的过分依赖，即人仅在社会世界中非生态地活着的困境中解放出来，把被工业文明及增长经济隔断的人类与自然界的天然联系再恢复起来，从而恢复人类本性即各种自然天性，使人生态地活着，真正实现人生活在"两个世界"。理论与实践已经表明，自然界是人类永久的精神家园和生态家园，只有自然生态再生产的扩大与发展，才能改善和提高人口再生产的质量，从而使当今人类的生存质量得到改善与提高。"当今人类生存质量的改善与提高，仅靠经济杠杆的调节和刺激作用，科技手段的应用已显得单薄和苍白无力。人类的生存和福利，越来越依赖于自然和我们对自然所采取的态度上。"[①] 因此，绿色发展道路的再生产要坚持这一原则，首先我们必须改变现有的生存观念和根深蒂固的工业文明的发展观念，在实践中要努力革除工业文明及其增长经济的反自然、反人性的各种弊端；在当代中国还涉及调整工业化、城市化的发展方向和发展思路。很明显，这既是人们思想与价值观念的变革与创新过程，又是艰难而曲折的实践变革与创新的过程。

三、物质资本、知识资本和生态资本三类资本相互转换与共同增殖的基本原则

经济资本即物质资本、人力资本和生态资本三类资本相互转换与共同增殖，这是刘思华教授在20世纪90年代中期创立的可持续发展经济的一项基本法则。随着时代的发展在人力资本基础上形成的知识资本，成为经济发展的关键的核心要素，甚至是"第一资本"，

---

① 李明华. 人在原野——当代生态文明观 [M]. 广州：广东人民出版社，2003：272.

发挥着主导作用。人力资本和知识资本是两个有密切联系但又有一定差异的概念，尤其是从厂商和国家的角度来说，知识资本和人力资本是大范畴和小范畴的关系，前者包含了后者，故有些学者把后者看作前者的一部分。知识资本作为知识经济或创新经济的一种主要资本形态，习惯上是将高质量劳动者和人才所拥有的各种具有创造力、能带来较多价值的各种专业知识和智能，称为知识资本或智力资本。从这种意义理解上看，只有那些拥有这些知识与智能的人的人力资本，才属于知识资本与智力资本的范围；而那些不具有专业知识和创造知识的人，或简单劳动力的人力资本，则不属于知识资本的范围，所以知识资本不应该包含所有的人力资本。因此，作为绿色发展道路的基本原则，把三类资本中的人力资本改为知识资本，才是科学的。下面就绿色发展必须遵循三类资本相互转化与共同增殖的原则做几点论证：

第一，三类资本界定与基本内容。无论人类文明形态如何，物质资本是通过人在经济活动的经济投资，以开发利用物质资源（包括自然资源和经济资源）所创造的物质财富而形成的资本形态（包括实物资本和金融资本）。对此人们比较熟悉，就不再赘述了。在此，要强调指出的是工业文明只是一种以物质资源要素即物质资本为主导的经济，使工业文明增长经济成为物质经济。这是工业文明对人的需要认识的单一性与片面性的实践结果。长期以来，人们把人的基本需求看成只是物质需求，即仅仅理解为同衣、食、住、行有关的物质需要，使人们的一切经济社会活动就是追求满足物质需要的物质利益。因此，工业文明的工业经济及其实现形式的增长经济，就是一种物质财富的生产、分配和使用（消费）的经济。我们把它称为物质经济或物质资本经济。于是在理论形态上，就把物质资本积累看成决定经济增长和发展的关键因素甚至唯一因素。这就是物质资本内生性经济增长理论。它把一味追求物质利益即经济收益和效用作为经济活动的唯一动力，并以其对追求物质财富的多少来判断其价值和成功的标志。很明显，这种工业文明的发展观及其价值观违背了现代人类文明的理性本质。然而，时至今日，这种非科学发展观与价值观还误导着中国特色社会主义发展和经济发展的实践，而未能被科学发展观所消解。

第二，知识资本的内涵、外延、形成、构成等基本问题，有一个不断认识深化的过程，时至今日还没有一个公认的明确答案。因此，有人提出，所谓知识资本就价值形态来说，可以概括为蕴藏于知识中，以知识形态存在和运动的，在商品货币的关系中是以商品价值形式追求的价值。工业文明时代的市场经济在发达国家高度发展，人力资本与知识是密不可分的，相互推动，共同繁荣，成为推动现代市场经济持续增长的最根本的甚至是首要力量，使知识大规模用于交换，以知识商品的形式存在，并且成为商品生产和流通过程中价值形式的增殖手段或载体，而其价值带来剩余价值，这样知识商品也就成了知识资本。

第三，关于知识资本的构成与存在形式问题，刘思华先生的《绿色经济论》和刘炳瑛教授的《知识资本论》中都有介绍。无论从个人的角度还是从企业和社会的角度来看，知识资本的基本构成有三部分：①人力资本；②以技术发明、专利、论文、著作等形式存在的知识产权资本；③以商标、品牌、姓名等为标识的商誉、声望、名望，简称声誉资本。这三种知识资本的构成可以称为 H-I-C 结构，其中人力资本作为知识资本的基本组成部分已达成共识。因此，知识资本的存在形式有三种形式：人力资本、知识产权资本和声誉资本。这三类知识资本相互作用，共同推动着知识资本的增值。知识资本是以知识形式存在的资本。因此，知识资本在知识运用中是能够自行增值的，知识资本的积累过程也就不同于物质资本的一般积累过程，而显示出其自身的积累规律。知识资本的积累与发展成为主导的资本形态，将会推动人类社会文明以工业文明进入生态文明的崭新时代；经济文明就从工业经济及其增长经济转向生态经济及其创新经济的崭新时代。另外，生态资本是存在于自然界可用于人类社会经济活动的自然资产，也是相对于物质资本而存在的，但这样说并不能完全理解为它是"大自然恩赐"的自然资产。这是因为，在当今世界生态经济系统中的生态环境已经不完全是"天然的自然"，而是"人化的自然"。那种没有经过人类劳动改变的"天然的自然"，在当代世界可以说已经为数不多了。因此，只有或多或少投入一定量的人类劳动，自然生态系统才能再生产出达到维持生态环境具有人类存在和经济社会发展所需要的使用价值。这样，就使当今的自然资产中，包含着许多人类劳动和投资的产物，有相当部分是人造资产或人造资产与自然资产相结合的产物。因此，在多数情况下，生态资本实质上是人造自然资本。这还意味着这种人造自然资产还包含着社会生态资本的价值量。所以，从广义生态文明意义上说，这里所说的生态资本应当称为自然生态资本，这不能称为社会生态资本。正因为如此，时至今日，西方学者也包括我国的一些学者，仍将生态资本称为自然资本。

第四，生态资本构成问题。国内外有多种说法，最早提出"四分法"的是刘思华先生，他认为"生态资本包括四个方面：能够直接进入当前社会生产与再生产过程的资源环境，即自然资源的总量（可更新的和不可更新的）和环境消纳并转化废物的能力（环境的自净能力）；自然资源（及环境）的质量变化和再生量变化，即自净施力；生态环境质量，是指生态系统的水环境质量、大气环境质量等各种生态因子为人类生命和社会生产消费所必需的环境资源；生态系统作为一个整体的使用价值，这是呈现出来的各种环境要素的总体对人类社会生存与发展的有用性，如美丽的风景给人们提供美感、娱乐休息以至于满足人类精神文明和道德需求等生态服务功能。现代经济社会越发展，人类就越要求优美的生态环境，生态系统的整体有用性也就越来越重要。"① 可见，生态资本是这四类生态质量因素之和，具有生态价值的资本。"在现阶段的经济社会发展的大多数情况下，生态资本实质上是人造自然资产或人造资产和自然资本相结合的产物。它通过生态环境自我活动和人类合作下的活动生产人类需要的各种生态产品，以满足人类生存和社会发展的生态需求。"② 其后，他和杨文进先生在《绿色经济论》一书中进一步指出："生态资本的这四个组成部分，是相互依存和相互制约的。如自然资源的总量和质量，决定着生态资源的再生产潜力；资源的再生产潜力同时决定着生态环境消纳并转化废物的能力；这种能力反过来也决定了生态环境的质量；它们间的有机统一，决定了生态系统对人类的总体使用价值，该使用价值的大小，则决定了人类对生态环境的态度和投资的大小，从而反过来决定了其他三方面的内容。"③

三类资本相互作用与相互转换。从工业文明走向生态文明的现代社会总体来看，生态资本、物质资本、知识资本（包括高质量的人力资本）三者构成了当今人类社会的资本总量。它们之间存在相互作用的转换关系。在工业文明增长的经济条件下，社会生产与再生产是人类经济活动将自然物质变换成为经济基础。这既是生态财富消耗和不断减少的自然生态过程，又是物质财富形成和不断增加的社会经济过程，也是两者统一的价值形成和不断增殖的生态经济过程。所以，人类经济活动把生态资本变换成物质资本，增强人类经济社会生存发展的经济基础，才能使社会生产与再生产得以维持并不断扩大。然而，在工业文明增长经济再生产过程中，物质资本无限增长，物质财富不断增加，是以消灭生态资本与掠夺生态财富为条件的，因而大量消耗生态资本，使生态赤字不断增加，生态环境质量不断下降，尤其是枯竭性的自然资源存量大量减少。但是，这些生态资本存量的减少，可能还没有全部被人类生产和生活所消耗。这就是所消耗生态资本的一部分可能以利润或投资转换为物质资本积累起来了。这种积累包括用于职工培训、技术革新、科学研究等方面

① 刘思华. 刘思华选集 [M]. 南宁：广西人民出版社，2000：550.
② 刘思华，方时姣. 企业经济可持续发展论 [M]. 北京：中国环境科学出版社，2002：15.
③ 刘思华. 绿色经济——经济发展理论变革与中国经济再造 [M]. 北京：中国财政经济出版社，2001：133.

的智力投资，形成知识资本及人力资本；或用于提高资源利用效率方面的投资，形成物资资本；或用于恢复维护生态环境具有人类生存和经济社会发展的需要的使用价值的投资，转化为新增的生态资本，以及用于替代石油、森林等人造自然资产，如风能、水能开发和人工森林营造方面。还有在生态文明时代的经济社会发展条件下，知识资本已成为创新驱动经济增长与发展的主要源泉，推动物质资本数量的不断增加。同时，知识资本用于生态环境建设，对于改善生态环境质量、恢复和保持生态资本存量起着重要作用。

需要特别指出的是，在任何经济时代，三种资本之间相互转换的替代性是有限的，不是无限的，它只能在一定的范围内有效，尤其物质资本和知识资本同生态资本的替代关系是有严格限制的。这是生态环境的不可逆性，是普遍存在的，如一个物种消失，以再多的人造资本都弥补不了其损失。因此，生态资本的非减性或增殖性，是三种资本相互转化与共同增殖的充分条件，也是保证绿色发展和谐性、协调性、可持续性的基本条件。

三类资本共同增殖是绿色发展的最佳模式。在绿色发展再生产过程中，生态资本的利用，如各种自然资源的利用可转化为物质资本的积累；或者人们直接消费生态产品，如到生态资本为主的地区旅游、疗养等，生态资本也可直接转化为并增加人力资本或知识资本的存量。同样，在再生产过程中以物质资本和知识资本来代替生态资本，可以减少生态产品的消耗，保持生态资本的非减性；尤其是在生态环境保护和建设中，物质资本和知识资本的消耗可以直接创造生态财富，形成生态资本积累。在生态创新和经济创新的过程中，通过生态经济生产力的组合效益和合理的社会分配，三种资本是可以实现绿色增长和共同增殖的。这正是绿色发展的客观要求。

四、生态、经济、社会三个效益有机整合与最佳统一的基本原则

（一）三个效益整体统一的客观性、现实性与复杂性

在现代经济条件下，人们的经济活动，企业生产和再生产，必然会带来社会经济过程和自然生态过程的变化以及相互作用，总是会给生态系统的演替进化和经济系统的变化发展带来某种影响，并对整个社会系统产生一定的后果。这就在客观上意味着经济效益、社会效益、生态效益是共生相伴的，也是有机统一的。21 世纪现代经济发展的一个重要特点，就是能够把经济生产力和生态生产力的作用有机结合起来，并以之作为推动生产力发展的综合动力。在此基础上，它也必须要求综合取得生态、经济、社会三个效益，并且实

现它们的协调统一。事实上，在世界工业化与现代化建设过程中，一些企业坚持走三个效益有机整合与最佳统一的道路，取得了可喜的成绩，体现了这种客观必然性。只要我们坚持走三个效益有机整合与最佳统一之路，就一定能够把这种客观必然性变成现实性，使社会朝着生产建设不断发展和生态环境不断改善的同步运行与协调发展方向前进。当然，社会生产和再生产过程中，三个效益之间存在矛盾，有时还是很尖锐的。这是由于现代生产和再生产是人们大规模消费自然资源和环境质量的经济活动过程，还会产生负效益。为了避免负效益的产生，就决定了工业化与现代化建设和企业生产经营必须走三个效益有机整合与最佳统一之路。

工业文明的经济模式与增长经济所遵守的原则是：经济效益第一，社会效益第二，生态效益根本不予考虑。生态文明创新经济，即新的生态化生产方式，则把这三者的地位倒过来了，即生态效益，特别是全球性生态效益排在第一位，社会效益排在第二位，经济效益排在第三位，它要为生态效益和社会效益服务并服从于前两者的价值目标。因此，三者的统一与整合，实质上是经济效益依附于社会效益，经济社会效益依附于生态效益。生态效益的至上性，成为生态化生产方式的本质特征。生态效益至上以及经济效益对社会效益、生态效益的顺应，之所以成为三种效益整合的前提，因为它顺应了当代人类在空间上局部服从整体（全球）和在时间上当代造福后代的生存法则，顺应了全球一体化和可持续发展的生存法则。生态效益与社会效益在全球一体化和可持续发展的视野里，恰恰会成为提高经济效益的推动力。从生态效益与社会效益的高度探寻获取经济效益的新路径，必将成为人类主体实践活动和生产方式转型的内在要求，也是人类整体发展和可持续发展的希望之所在。

（二）三个效益的基本含义

第一，经济效益是指人们从事经济活动的过程中，用尽量少的劳动消耗和占用，创造出尽量多的符合社会需要的物质产品和服务，使生产经营者以至于整个社会获得实际收益。这个概念是从投入和产出的对比关系来说明人们的经济活动及其成果实际满足社会需要和获得经济受益的程度和水平。它是社会主义经济建设的经验总结。

经济效益的基本规定：①经济效益的量的规定性。它要求以尽量少的活劳动消耗和物质消耗，生产出尽量多的产品和服务，使人们的经济活动必须产出大于投入。②经济效益的质的规定性。它要求经济活动按预期目的创造出具有有用的使用价值的物质财富，使生产的产品和服务必须符合社会需要。③经济效益的目的性。它要求经济活动归根到底是为了满足人民的社会需要，给人民带来经济效益，使生产经营者必须所得大于所费而获得经济效益。这三条缺一不能形成经济效益的完整概念。

第二，生态效益通常是指人们在进行社会经济活动时，通过生态系统获得物质和能量转换的最大效率与效果，使生态系统处于良性循环的最佳状态，从而保持生态平衡和生态健康与安全和改善生态条件而为人和自然所带来的各种生态受益。或者说，人们经济社会活动所产生对生态发展有利的各种生态效果或绩效。因此，生态效益包括人们经济社会活动过程中的两个方面：①生态投入效益，是生态环境要素作为一种有成本的生态要素纳入社会经济系统内部，转化为系统运行与发展的内在要素，即内生变量。②生态产出效益，是指整个社会经济活动后果对自然生态环境系统应当是正效益，即正价值的，至少是零价值，绝不能是负效益，即负价值的。或者说，至少要保持生态资本的非减性。

第三，一般来说，人们社会经济活动所产生的对社会发展有利的各种效益，都可统称为社会效益。在这里所说的社会效益是把两种效益撇开之后的其他社会效益。因此，社会效益就是指人们社会经济活动对社会运行产生某种有利影响即正价值，保证社会各个方面协调的良性运转，从而促进社会的发展和实现人民的幸福而带来的各种收益。

综上可知，人们社会经济活动的三个效益在本质上是一致的，都是指社会经济活动给人们所带来的各种收益。这种收益在经济系统中表现为经济效益，在生态系统中表现为生态效益，在社会系统中表现为社会效益。绿色发展对工业文明增长经济的变革与创新突出表现在是以自然、人、社会的整体价值和谐为宗旨，以生态经济社会有机整合的综合效益为目标，努力实现生态效益最好、经济效益最佳、社会效益最优的三大效益有机整合与最佳统一。

（三）坚持三个效益有机整合与最佳统一原则，必须着重解决的几个问题

第一，要把实现三个效益有机整合与最佳统一摆在建设生态文明、加快经济发展方式的战略地位与重点上来，努力探索出一条低投入、低消耗、高产出、低排放、无污染、优质量、高综合效益的创新经济发展的新路子。实现三个效益有机整合与最佳统一，是建设生态文明、加快转变经济发展方式的战略任务，更是绿色发展的战略重点，通过宏观、中观和微观生态经济创新实践活动，来实现三个效益的共生共荣，走出一条绿色低碳循环创新发展的"新路子"。

第二，探索这条新路必须把生态效益放在优先战略地位。工业文明增长经济的实践追求就是经济效益优先的实践追求，而生态文明绿色发展的实践追求是生态效益优先的实践追求。当前全球生产和消费形态的失衡以及环境退化的现实，是同片面追求经济效益而不顾及社会效益，更不顾及生态效益分不开的。生态文明的实践追求则要反其道而行之，要求把生态效益放在优先考虑的位置，在实现生态效益的前提下，谋求经济效益和社会效益，力求把经济效益同社会效益和生态效益有机地统一起来，就应当使经济效益服从社会效益，经济效益和社会效益服从生态效益。只有这样，才能为在建设生态文明、加快转变经济发展方式的实践活动中，坚持三个效益有机整合与最佳统一的原则和遵循生态优先规律开辟现实道路。

第三，力求全面的生态效益。这些由生态文明绿色发展全面协调和谐发展规律所决定，也是对工业文明增长经济知识片面追求经济效益深刻反思的必然实践追求。绿色发展道路必须也应当追求生态经济效益，不仅要讲求包括生产、分配、流通、消费在内的社会生产与再生产全过程的生态效益，而且要讲求社会生活过程中的生态效益。社会生产过程中的生态效益是整个生态效益的起点，尤其是它的生态产出效应非常重要，故强调之。物质生产、精神生产（包括文化生产）、生态生产这三种生产过程，都是人与自然之间的物质变换过程，既是经济过程，又是生态过程，其产出既是经济产品，又是生态产品。因此，任何生产实践活动结果对自然生态系统应当是正面影响，追求生态产出效益最大化，绝对不能是负面影响，至少要不使生态环境质量下降，不会干扰、破坏自然生态系统直接提供的新鲜的空气、明媚的阳光、清洁的淡水、生态健全的自然环境，从而为人民群众提供水清天蓝地干净的宜居安康环境。这是实现绿色发展和社会主义生产目的的客观要求。

第四章 新时代绿色发展路径之构建绿色发展方式

第一节 实施低碳发展助力绿色发展

为了更加适合中国国情和促进生态文明的发展，我国提出了"低碳发展"的生态发展模式。低碳发展的直接含义是减少以二氧化碳为代表的温室气体排放，以便减缓气候变化。低碳发展的广义理解，则是一种新型的生产方式和生活方式，包容了绿色发展、循环发展的内容，引导人类通过可持续的发展路径，迈向一个更高的文明形态——生态文明。减少污染、保护环境被通俗地称为"绿色"。显然，在能源结构以化石能源为主的情况下，绿色和低碳有很强的协同性。数据表明：我国大气的PM2.5的构成中，源于煤炭和石油燃烧的颗粒物占了一大半，而我国的二氧化碳排放中，煤炭和石油的燃烧排放也占了一大半。这充分说明了"绿色"和"低碳"虽是两个不同的概念，但在工作方向上却有着高度一致性。

一、低碳发展概述

低碳发展（low-carbon development）是指在可持续发展理念的指导下，通过技术创新、制度创新、产业转型、新能源开发等多种手段，尽可能地减少对煤炭、石油等高碳化石能源的消耗，进而减少温室气体排放的一种经济发展模式。低碳发展是"低碳"与"发展"的有机结合，一方面要降低二氧化碳排放，另一方面还要实现经济社会发展。因此，低碳发展并非一味地降低二氧化碳排放，而是要通过能源体系创新、产业体系优化以及低碳技术进步等，在减排的同时提高经济发展效益和竞争力，破解经济发展的能源约束困境。

（一）低碳发展理念的提出与发展

限制温室气体排放早在 20 世纪末就已经受到大量关注。1997 年 12 月，在日本京都由《联合国气候变化框架公约》第 3 次缔约方会议制定的《京都议定书》（*Kyoto Protocol*）就明确提出将大气中的温室气体含量稳定在一个适当的水平，进而防止剧烈的气候变化对人类造成伤害。而"低碳经济"概念的正式提出，最早可见于 2003 年的英国能源白皮书《我们能源的未来：创建低碳经济》（*Our Energy Future：Creating A Low Carbon Economy*）。在该书中，英国从自身的能源安全和全球的气候变暖危机出发，提出了低碳发展理念。到 2009 年《联合国气候变化框架公约》第 15 次缔约方会议（即哥本哈根世界气候大会）召开时，以低能耗、低污染、低排放为基础的低碳发展模式已成为世界各国的共识，迅速为人们所认识和接受。

（二）低碳发展的运作方式

低碳发展的运作方式如下（见图 4-1）：

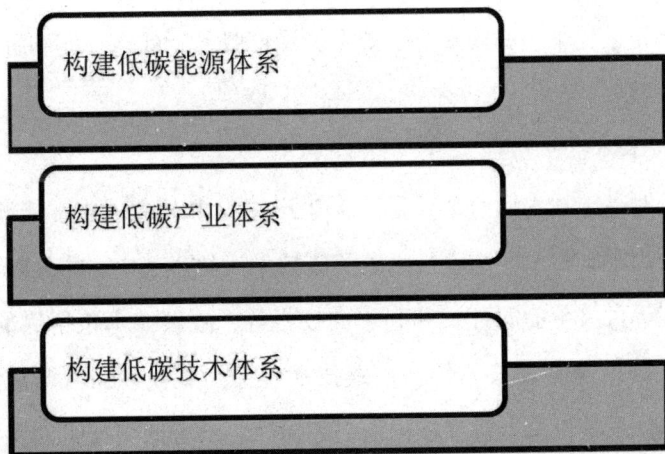

图 4-1　低碳发展的运作方式

1. 构建低碳能源体系

构建低碳能源体系就是要发展对环境、气候影响较小的低碳替代能源，主要有两大类：一是清洁能源，如核能、天然气等；二是可再生能源，如水电、风能、太阳能、生物质能等。核能具有高效、无污染等特点，是一种清洁优质的新型能源。天然气是低碳能源，燃烧后无废渣、废水产生，具有使用安全、热值高、洁净等优势。可再生能源是可以永续利用的能源资源，对环境的污染和温室气体排放远低于化石能源，甚至可以实现零排放。特别是风能和太阳能的利用，完全不会产生碳排放。利用生物质能源中的秸秆燃料发电，农作物可以重新吸收碳排放，具有"碳中和"的效应。

我国构建低碳能源体系具有大规模开发的资源条件和技术潜力，尤其是针对水电、风能、太阳能的开发已经具备了较为成熟的开发技术。同时，针对核能、生物能的开发利用，我国还广泛地开展国际合作，已经在多个方面取得了突破性进展。

2. 构建低碳产业体系

低碳产业是指在生产的过程中碳排放量最小化或无碳化的产业，具有低能耗、低污染、低排碳的特征。构建低碳产业体系，具体而言，在第一产业中，要大力发展绿色、有机、生态农业；在第二产业中，要大力发展战略性新兴产业和节能环保、可再生能源、再制造、资源回收利用等绿色新兴产业；在第三产业中，要大力发展以商贸物流、电子商务、生态旅游和金融保险、信息会展等为代表的现代服务业。

我国构建低碳产业体系可以从农业低碳化、工业低碳化和服务业低碳化三个方面展开，具体而言：在农业低碳化过程中，我国主要强调大力发展植树造林、节水农业、有机农业等内容；在工业低碳化过程中，我国主要强调大力发展节能工业，并促进工业结构转型；在服务业低碳化过程中，我国主要强调发展绿色服务、低碳物流和智能信息化产业等内容。

3. 构建低碳技术体系

低碳技术是相对高碳技术而言的，是降低生产过程中对高碳化石能源依赖的新技术。低碳技术可以细分为零碳技术、减碳技术和负碳技术三类。其中，零碳技术包括核能、太阳能、风能、水能等可再生能源开发和利用的技术等，减碳技术包括煤的清洁高效利用、油气资源和煤层气的勘探开发技术等，负碳技术包括二氧化碳捕获与埋存（CCS）技术等。构建低碳技术体系是发展低碳经济的前提和保障，没有低碳技术的支撑，发展低碳经济将面临更大的成本和风险。

我国构建低碳技术体系涉及电力、交通、建筑、冶金、化工、石化等部门以及可再生能源及新能源、煤的清洁高效利用、油气资源和煤层气的勘探开发、二氧化碳捕获与埋存等领域，但在清洁煤技术方面的成果最为显著。目前，我国已在煤炭加工、煤炭高效洁净燃烧、煤炭转化、污染排放控制与废弃物处理四个方面，通过引进技术和自主开发创新，建成了一大批示范工程，有效地促进了我国洁净煤技术的发展和应用，个别方面已领先于国际水平。

二、低碳发展的基本框架

（一）能源低碳化

能源低碳化就是以清洁能源（核电、天然气等）以及可再生能源（风能、太阳能等）代替传统的高碳能源（煤炭、石油等），以降低能耗、减少污染、减轻对环境和气候的影响。清洁能源具有高效、无污染、安全、洁净等优势；可再生能源可永续利用，能够实现低碳排放甚至零排放。对清洁能源和可再生能源进行大力开发和利用是节约资源、保护环境、应对气候变化、建设生态文明的重要措施。我国可再生能源资源丰富，因此完全有条件和潜力实现低碳发展。相关部门以及人员要集中力量开发、利用新能源，对我国的能源结构进行优化，推进能源低碳化。

（二）技术节能化

技术是第一生产力，低碳发展同样离不开技术创新。以钢铁行业为例，近年来高效连铸技术、喷煤技术、直接轧制技术等的运用大大提高了能源的利用效率，同时技术的改进也降低了能源消耗和环境污染物质的排放。有色工业行业通过产业技术创新，一些主要技术经济指标更是接近和达到了世界先进水平。与国人生活息息相关的汽车行业也不甘落后，电动汽车、混合动力汽车等相继研制成功并投入使用，节油效果显著。汽车行业正逐渐从高污染、高能耗向绿色环保转型。加强节能减排，必须加快各行各业关键技术的开发推广，实现工业设备的更新换代和技术创新。

（三）交通低碳化

随着经济的发展和人们生活水平的提高，各类交通工具应有尽有，在为人们的生活提供便利的同时也增大了交通领域的能源消费，对气候和环境造成了一定的影响。实现交通低碳化是必然趋势。积极发展新能源汽车和电气轨道交通是实现交通低碳化的重要举措，前者包括电动汽车、氢能和燃料电池汽车、天然气汽车等，后者包括电气化铁道、有轨电车等。

（四）建筑低碳化

据相关部门调查可知，全球建筑行业的二氧化碳排放量占二氧化碳排放总量的1/3。

作为当今世界第一的建筑大国，中国任重而道远。目前，相关设计师正致力于以太阳能建筑和节能建筑推进建筑低碳化的进程。

太阳能建筑的主要原理就是利用太阳能来满足用户采暖、照明、通风等的需求，其中绿色设计理念尤为重要，将太阳能看作建筑体系的一部分，实现太阳能外露部件与建筑立面的有机结合。建筑节能就是在整个建筑环节中充分使用可再生资源和新型建筑保温材料、合理设计通风和采光系统、选用高效节能的取暖和制冷设备等，以实现节能化、低碳化。

（五）农业低碳化

我国是历史悠久的农业大国，农业在我国的经济发展中占据基础性的地位，实现农业低碳化是新时期发展农业的必然要求和重要趋势。农业低碳化主要表现为植树造林、有机农业、节水农业等。植树造林能够有效吸碳排污，优化环境；有机农业能够充分保障食品安全，增强生态环境保护；节水农业则能够提高水资源利用率和保证生产效益。农业低碳化已经成为新型农业的发展方向。

（六）工业低碳化

工业低碳化是低碳发展体系中的重要一环，主要涉及三个方面：节能工业、绿色制造及循环经济。节能工业包括工业结构、技术和管理节能，能够提高能源利用效率，减少污染物质排放。绿色制造就是在对环境影响和资源效益加以充分考虑的基础上，从产品设计、制造、包装到使用、报废处理，整个过程实现资源利用最大化和环境影响最小化。循环经济是工业低碳化发展的应有之义，主要包括三个层面：一是生产过程中物质和能量实现循环、多级使用；二是进行"废料"的再利用；三是使产品与服务非物质化，从而降低能耗，保护环境。

（七）服务低碳化

服务低碳化即为人们提供节约资源和能源，无污、无害、无毒，有利于生态环境保护和人类健康的服务。服务低碳化要求企业树立可持续发展观念，从服务设计、耗材、营销等环节着手节约资源和能源，力求达到企业效益和环境保护的有机统一。以物流行业为例，服务低碳化就是要实现物流业与低碳经济的互动支持，智能物流有效实现了这一目标。其通过服务信息化，既提高了物流行业的效率，又降低了服务过程中有形资源的使用，十分便捷和有益。

（八）消费低碳化

低碳化同时也是一种新型的消费模式，在消费领域主要表现为绿色消费、绿色包装、回收再利用。绿色消费就是可持续消费，以适度、节制、避免环境破坏、崇尚自然等为特征；绿色包装就是在包装产品时使用可循环利用、循环再生、自行降解的材料，减少资源的浪费和降低对环境的破坏；回收再利用就是修旧利废，对一些可回收利用的物品进行再生利用。

三、中国特色低碳发展道路

（一）近年来中国推进低碳发展的探索

1. 探索城市低碳发展

城市是碳排放的主要区域，要想实现低碳发展，就要重点对城市的低碳化进行探索。作为国际化大都市，上海利用举行世博会的契机，成为第一批次在国内探索低碳发展的城市，并且形成了具体的发展思路：①倡导技术创新，加强产业结构深化改革；②挖掘和使用清洁能源，提高能源使用率；③推进低碳技术的研发和应用；④建立低碳城市试验区，包括低碳社区、园区、校区等。上海的低碳城市建设效果显著，在改善自身生态环境的同时更为其他城市提供了经验借鉴。

2. 启动低碳发展试点

由国家发展和改革委员会牵头，低碳发展试点工程正式启动，5省（广东、辽宁、湖北、陕西、云南）、8市（天津、重庆、深圳、厦门、杭州、南昌、贵阳、保定）被作为试点地区参与到本次工作之中。这些地区为了实现应对气候变化与节能环保、生态建设等的协同发展，积极探索相关机制和激励政策，投入大量资金用于低碳技术的引进与研发，成为我国低碳发展的开拓者和先行者。

3. 推进传统产业的低碳发展

钢铁、水泥、建筑等是我国的传统产业，既在国民经济中占有重要地位，又是能耗和排放的主要企业。近年来，为了实现节能减排，国家花费大量人力、物力、财力进行节能技术的研发和推广，使得传统产业能源单位的消耗持续下降，同时还形成了节能减排工作统计、监督和考核机制，缩小了我国能源转换和利用效率与发达国家之间的差距。

4. 大力发展低碳能源

核能、太阳能等新能源的使用不仅可以满足企业对能源的需求，更能够减少二氧化碳的排放，防止环境污染情况进一步恶化。随着科学技术的发展和国际交流的日益密切，我国清洁能源和可再生能源的比重持续增高。为了扶持和鼓励新能源的发展，国家以法律形式为其营造了良好的政策环境，并且提供经济上的补贴。此外，国家着力发展新兴产业，如信息技术、新能源汽车等，旨在从高端领域推进低碳发展。

（二）进一步探索中国特色低碳发展道路

立足于当前我国的生态环境和低碳发展的实情，中国特色低碳发展应该继续深化以下几个方面的探索：

1. 科学制定国家低碳发展战略

第一，要在可持续发展的框架下，把"低碳化"作为国家社会经济发展的战略目标之一，并把相关目标整合到各项规划和政策中去。

第二，要权衡经济发展与气候保护的近期和远期目标，处理好利用战略机遇以实现重工业化阶段的跨越与低碳转型的关系，同时充分考虑碳减排、安全、环境保护的协同效应，有效降低减排成本。

第三，要加强部门、地区间的合作，吸引各利益相关方的广泛参与，发挥社会各方面的积极性，特别是通过新的国际合作模式和体制创新，共同促进生产模式、消费模式和全球资源资产配置方式的转变。

第四，要积极参与国际气候体制谈判和低碳规则的制定，为我国的工业化进程争取更大的发展空间。

2. 以科技创新为抓手推进技术性节能减排

当前，关键要依托现有最佳实用技术，淘汰落后技术，推动产业升级，在一些重点领域率先实现技术进步与效率改善。加大研究开发力度，提升技术创新能力。在碳捕获和碳封存技术、替代技术、减量化技术、再利用技术、资源化技术、能源利用技术、生物技术、新材料技术、绿色消费技术、生态恢复技术等方面，通过理论、原理、方法、评价指标等创新，寻求技术突破，以更大限度提高资源生产率和能源利用率。在应用层面，研发和推广洁净煤技术，可再生能源与非化石能源技术，热电联产、热电冷联产、热电煤气多联供中的关键技术，小型分散式能源系统技术，大型锅炉启动节油技术，运行参数优化设计与调整控制技术，热能、电能的储存技术，电力电子节能技术，建筑、交通节能技术，车用醇类混合燃料燃烧与控制技术，车用生物油制备与混合燃料技术等着力抓好节约和替代石油、燃煤锅炉改造、热电联产、电机节能、余热利用、能量系统优化、建筑节能、绿色照明、政府机构节能以及节能监测和服务体系建设十项重点节能工程，开展重点行业与重要区域节能减排共性技术和关键技术的科技专项攻关、重大技术装备产业化示范项目和循环经济高新技术产业化的科技专项攻关，突破当前节能减排的重大技术瓶颈。

3. 优化能源结构，大力发展低碳能源

（1）在妥善处理好水电开发与环境保护、生物资源养护及移民安置工作的前提下，因地制宜开发水电资源。

（2）逐步提高核电站一次能源供应比重，加快沿海地区核电建设，稳步推进中部缺煤省份核电建设，推进现代核电工业体系建设。

（3）加快风电发展，逐步建立国内较为完备的风电产业体系。

（4）推进生物质能发展，加快推进秸秆肥料化、饲料化等综合利用。

（5）积极推进太阳能发电和热利用，如建设小型光伏电站、推广太阳能一体化建筑、使用太阳能热水器等。

（6）积极推进地热能和浅层浇温能开发利用，推广满足坏境和水资源保护要求的地热供暖、供热水和地源热泵技术。

第二节　以绿色金融助力绿色发展

一、绿色金融的概述

绿色金融是将绿色观念融入金融业日常经营活动中，在金融机构投融资行为中重视对生态环境的保护和污染的治理，注重绿色产业的发展，是以信贷、保险、证券、产业基金等金融工具为手段，对社会资源进行引导，促进企业节能减排和经济资源环境协调发展，进而实现经济社会的可持续发展与生态的协调发展。其本质是一种绿色经济政策中的资本市场手段，即通过运用不断创新的金融手段，充分考虑影响环境的各种回报、风险以及成本，以此影响企业的投资决策，从而引导企业在生产中注重绿色环保，促使企业进行技术创新与产业调整，转变过去重数量、轻质量、高能耗、低产出的经济增长方式，最终通过合理优化配置社会经济资源，促进生态友好、环境和谐、社会经济协调可持续发展。

（一）绿色金融提出的背景

人们最早开始思考经济发展与人类环境的协调性问题可追溯到 20 世纪 70 年代。1972年，美国学者丹尼斯·密都斯在其著作《增长的极限》中首次提到经济发展问题必须与环境问题结合看待。同年，欧洲国家爆发了大规模的金融危机，再一次引起了人们对未来金融发展模式的思考，金融和可持续发展之间存在的密切联系已为金融业者的认知。

1988 年，德国成立了世界上首家"绿色"银行。该银行由联邦德国 1000 多名绿党成员共同经营，其宗旨是促进环境和生态事业的健康发展。该银行的主营业务为关于生态环境保护方面的信贷业务，故被人们称为"绿色"银行。该银行的建立让世界人民看到了绿色金融制度施行的必要性，它为绿色金融在全球的发展奠定了基础，是绿色金融制度全球性推广的"先行者"。

20 世纪 90 年代，绿色金融风暴开始席卷全球，此过程中联合国环境与发展会议中陆续颁布了《里约环境与发展宣言》和《21 世纪议程》，进一步加速了其发展步伐。

纵观绿色金融的全球性发展历程，可大体归纳为三个阶段：第一，少数发达国家开始施行绿色金融政策；第二，国外一些发达国家开始逐步全面推广绿色金融；第三，全球性范围内开始普及绿色金融业务。

从学术层面看，绿色金融的主流观点主要有以下几点：第一种观点来源于《美国传统词典》，将绿色金融解释为"环境金融"，旨在如何通过金融运作的方式来保护生态环境。第二种观点来源于金融中的贷款政策，政策规定绿色金融应当重点扶持绿色产业链，可在投放信贷、投量、利率、期限等方面进行政策倾斜和特殊照顾。第三种观点是指金融业采取运作金融业务的手段来达到可持续发展的战略，以协调环境资源保护与经济共同发展。第四种观点是绿色金融是金融业在当今经济政策中的主要模式，并逐渐体现出多元化发展的特点，如绿色贷款、绿色保险等。

以上四种观点，侧重点均不一样，但也都或多或少表达了绿色金融的内涵。本书基于目前我国绿色金融的实际运行状况，更认同第四种观点。理由是基于目前我国绿色金融的实践状况，它更加接近于绿色金融的本质思想——通过金融手段来达到可持续发展战略有效施行的目的，这一思想与目前国际上主流研究思想基本吻合，也更贴近绿色金融本身的意义。

（二）绿色金融兴起的成因

因生态环境资源的公共属性，故生态环保事业的推动是具有公益色彩的，当各国政府开始意识到环境保护的重要意义时，他们无疑会成为引导环境保护事业发展的主力，而要想保护好生态环境，就必须制定一些与环境保护相关的法规及政策。法规的制定让环境保护事业能够稳定地开展，但其实施就必须依靠足够的资金支持。因此，各国政府势必会寻求有效的金融手段来逐步取代旧式经济环境关系，而这种新的金融手段应当既可以保护经济发展，又能够保证环境不会恶化，故绿色金融制度势必要在此探索创新过程中运应而生。

从世界其他发达国家的社会经济发展状况看，生态环境也逐渐受到民众越来越多的关注，以美国教授丹尼斯·密都斯的《增长的极限》报告为典型代表，该报告中提出了一种新型经济发展的观念，即"可持续发展观"。1992年，以可持续发展战略思想为基础的《里约环境与发展宣言》和《21世纪议程》在联合国环境与发展大会中相继通过，将绿色金融的思想推向高潮，标志着绿色金融开始在全球范围内兴起。

（三）绿色金融的核心特征

随着经济发展和人类生活水平的上升，资源稀缺性特征越来越明显，"绿色"资源的稀缺性主要表现在生态资源的稀缺和可用绿色资金的稀缺上。

效用价值论认为消费物品所能带来的效用可以评价物品的价值，而物品具有价值一方面是物品能够给消费者带来一般效用和边际效用，另一方面是由于其具有稀缺性。人口规模上升、城镇化建设、消费需求提高都意味着人类需要不断从自然界获取资源，然而历史发展过程对生态资源的过度消耗已经导致自然界所能提供的生态资源的品质与数量均在下降，稀缺性决定生态资源具有使用价值和价值，人类对生态资源的消耗应充分考虑生态产品的价值成本。无论是对于生态产品物质和服务本身的客观需求，还是对生态产品所带来的精神满足方面的主观需求，都决定了生态资源到生态产品的转变需要考虑其价值实现。

从自然资源与经济发展的关系来看，自然资源丰富的地区更容易由于资源的过度开发，造成生态环境破坏，通过影响生存环境与人力资本引入等条件而不利于经济发展，出现"资源诅咒"效应。这说明单纯依赖自然资源的经济发展是不可持续的，从长期来看，将稀缺性资源视为经济发展的约束条件，利用绿色金融工具投资生态资源，将其转型为有经济价值的生态产品，实现从生态资源到生态资产再到生态资本的转变，是破除过度依赖资源开采地区经济发展瓶颈的有效措施。生态产品价值实现的重点在于绿色产品和生态服务价值的界定和认可，主要实现模式包括生态产品开发、生态权益交易、生态环境补偿等。绿色金融通过提供绿色信贷、绿色债券、绿色保险和环境权益交易等金融工具，助力生态产品价值实现，从而促进地区绿色经济发展。

此外，绿色金融的资金作为一种金融资源也具有稀缺性。碳达峰、碳中和目标提出后，国内各大机构预测实现碳中和所需的投资金额区间大致在70万亿~138万亿元。面对巨额的投资需求，政府的财政资金供给相当有限，绿色金融在其中的资金融通和资源配置作用不可或缺。但目前绿色金融参与主体更多是政府和银行业金融机构，债券、保险等其他金融机构的发展仍处于初期阶段。从长期来看，资金供给更应依靠社会资本，通过市场激励机制吸引更多社会资本，提高全社会融资规模中绿色资金的比重，同时注重供求平衡。绿色金融市场需要通过新的供求分析，实现新均衡，即确定市场机制实现生态产品、生态资源、碳排放权及其他环境权益的价值交换，以自下而上的方式走向市场配置资源。

（四）绿色金融产品体系

绿色金融产品多集中于银行业，尤其是银行的信贷业务，即"绿色信贷"。随着绿色金融的发展，各大金融机构所推出的绿色金融产品逐渐增多，主要可归纳为环保产业指数产品、环保节能融资产品和碳金融产品三类。其中，环保产业指数主要以股权指数为主，涉及内容与气候变化、节能减排、清洁能源等相关。我国的环保产业指数产品仍处于起步阶段，但发展空间较大。环保节能融资产品又可分为清洁能源融资产品、能效与节能减排融资产品、环境污染治理融资产品、绿色信贷中间业务产品、合同能源管理未来收益权质押融资产品和排污权抵押授信产品等六类。前四类产品的抵押标的物以固定资产等实物为主，企业的贷款额度依赖于其实物资产、担保能力等。后两类产品在抵押标的物的形式上进行了创新，将未来收益权、排污权等作为抵押标的物，有助于为污染减排资金匮乏、担保资金不足的中小企业解决融资难问题。碳金融产品是一项新兴的绿色金融产品，目前大体包括碳排放权配额质押、碳资产托管和CCER质押或购买权三类。

二、绿色金融发展的机理框架

绿色金融的发展需同时依靠政策驱动、市场驱动、创新驱动和行为驱动。为了从更系统、更全面的角度进行阐释，本文构建了包含政府、金融机构、企业和消费者在内的绿色金融四方主体结构，明晰主体间的制约促进关系，寻求绿色金融系统的稳定均衡发展。

绿色金融的发展，离不开政府、金融机构、企业和消费者的四方联动，政府在我国绿色金融发展中承担了政策制定和监管的角色，尤其前期为绿色金融发展在政策体系完善、基础设施建设、考核评价标准等方面做了充分的准备。金融机构在当前绿色金融发展中承担了政策落实和效果评估的角色，为兼顾经济绩效和环境效益创新出多样化的绿色金融产品及服务。企业作为绿色金融的资金需求方和使用方，是绿色技术创新、生产效率提升的主体。消费者是绿色金融发展的受益者，更是绿色金融长久发展的支持者，消费者通过绿色消费和绿色投资，起到"选票"的作用。

政府部门需要在绿色金融发展规划、政策制定、政策监管等方面做指导性和开创性的工作。发展规划方面，政府确定绿色金融的发展目标、发展规模、国际合作等，对其他主体进行总体性规划和指引。政策制定和监管方面，政府针对金融机构的业务实践、绿色金融标准、激励约束机制、绿色金融工具考核评价办法等，对金融机构起到政策指导和激励约束的作用。针对企业生产，政府通过产业政策、财政优惠、利率优惠、环境规制、投融资工具等方式引导企业生产方式转型升级，提高企业获得绿色融资的可操作性，将企业生产的环境成本内部化。针对消费者行为，普及绿色发展理念，提高环保意识，倡导绿色消费习惯的践行。金融机构、企业和消费者都是社会资本的提供方，政府应统筹考虑多方利益主体，扩大绿色资金池的规模。

金融机构是绿色金融市场长期良好运行的保障，也是绿色金融产品和服务的创新主体。金融机构广泛包含银行机构、保险公司、投资机构等，多样化主体能够持续满足绿色投资的资金缺口。具体来说，金融机构根据绿色产业标准和特征提供合适的绿色金融工具，解决绿色项目建设和资金供给的期限错配问题，同时开展金融资产的环境压力测试，防范金融风险。针对投资到企业的资金，金融机构起到外部监管和效益评价的作用，及时披露金融机构业务的环境信息。针对消费者，金融机构创新绿色信用卡、绿色碳普惠等创新型产品，鼓励消费者开展绿色投资，并提供绿色低碳消费贷款业务。

企业作为绿色金融政策的实施对象，不仅是绿色资金的需求方，也是研发绿色技术的市场主体。企业的生产行为关乎绿色金融工具最终能实现的环境效应大小。在绿色金融系统中，企业通常分为绿色企业、"棕色"企业和其他类型的企业。"棕色"企业在生产过程中需要考虑环境污染内部化的成本。绿色企业的发展需要更多的前期项目资金投入，积极开展绿色技术研发，保证企业在环境质量提升和资源节约方面的成效。此外，企业可以是拥有资质的独立第三方评估主体，评估绿色信贷、绿色债券等投资工具的环境价值。

消费者是一切物质产品和金融产品的使用者，与自然是最牢固的命运共同体。消费者根据自身效用的大小来选择所消费或投资的产品，其消费选择是市场上一切商品和服务的重要"选票"，能够对企业生产的产品进行偏好选择。消费者积极选择绿色消费、绿色交通等生活方式，同时对政府、金融机构、企业的行为加以外部监督。为保障绿色金融的长期发展，消费者必须认识到对绿色金融和绿色发展的支持，并非政府和金融机构的任务，而是每个人为获取优质生态环境和可持续发展应采取的绿色行为。

三、绿色金融发展的现状分析

（一）基于国际角度

从国际角度来看，2015 年 12 月，《巴黎协定》的签订标志着全球经济活动开始向绿色、低碳、可持续转型。2016 年 9 月，G20 绿色金融研究小组正式成立，G20 峰会发布的《二十国集团领导人杭州峰会公报》首次将绿色金融写入其中。2018 年，在北京举行的中非合作论坛将绿色发展作为重要的"八大行动"之一。2019 年 12 月，《欧洲绿色协议》描绘了欧洲绿色发展战略的总体框架，并提出落实该协议的关键政策和措施的初步路线图，旨在将欧盟发展为一个公平、繁荣以及富有竞争力的资源节约型经济体。2021 年 4月，《欧洲绿色协议》通过，提出将出台首部欧洲《气候法》，并将 2050 年实现碳中和的目标写进该法律。

（二）基于国内角度

1. 绿色金融政策框架逐步完善，绿色金融体系建设初步形成

近年来，我国发布《生态文明体制改革总体方案》《关于加快推进生态文明建设的意见》《关于构建绿色金融体系的指导意见》《绿色产业指导目录（2019 年版）》等一系列政策，绿色金融顶层设计不断完善，制度建设逐步实现稳步发展，绿色商业信贷、绿色债

券、绿色担保基金等绿色金融子市场规模居世界前列。2016 年 8 月，《关于构建绿色金融体系的指导意见》首次对"绿色金融"及"绿色金融体系"做出明确的官方定义，我国成为全球首个提出构建绿色金融体系的国家。2017 年，我国在浙江、江西、广东、贵州、新疆等 5 个省份建立绿色金融改革创新试验区。2020 年度中央经济工作会议首次明确提出要加大金融对绿色发展的支持，这对促进我国绿色金融的发展起到了关键性指导作用，为金融业发展绿色产业提出了方向指引和政策遵循。2020 年《深圳经济特区绿色金融条例》是我国第一部绿色金融法律法规，也是全球首部规范绿色金融的综合性法案。"十四五"规划的开局之年，中国人民银行工作会议将"落实碳达峰、碳中和重大决策部署，完善绿色金融政策框架和激励机制"作为工作之一。《中华人民共和国国民经济和社会发展第十四个五年规划和 2035 年远景目标》更是提出要将绿色金融作为国家战略目标的重要发展支柱。2021 年 2 月，《关于加快建立健全绿色低碳循环发展经济体系的指导意见》提出要大力发展绿色金融，并对绿色金融绩效评价提出了相关要求。

随着碳达峰、碳中和目标的推进，包括碳金融在内的绿色金融业务将迎来巨大发展机遇，推进实现以双碳目标为基准的绿色金融发展体系成为我国未来金融发展政策的重中之重。此外，绿色金融改革创新试验区和部分地方政府还因地制宜推出了贴息、奖励、补贴等政策，绿色金融改革创新体制逐渐完善，绿色金融激励约束机制不断明确，信息披露要求和对金融机构的监管力度持续加强，第三方评估和认证加快发展，为全球其他国家发展绿色金融提供了中国经验。

2. 绿色金融产品初具规模，碳交易市场建设加快推进

我国现已形成多层次的绿色金融产品体系和市场体系。

第一，绿色信贷规模增长迅速。绿色信贷是我国绿色金融最重要的市场，自从 2012 年绿色信贷开展以来，绿色信贷市场发展迅速。据央行《2021 年金融机构贷款投向统计报告》数据显示，2021 年末，我国本外币绿色贷款余额为 15.9 万亿元，同比增长 33%，比上年末高 12.7 个百分点，高于各项贷款增速 21.7 个百分点，全年增加 3.86 万亿元。

第二，绿色债券发行势头强劲。绿色债券现已成为除绿色信贷之外最重要的绿色金融产品，据央行统计数据显示，2021 年，我国境内绿色债券发行量超过 6000 亿元，同比增长 180%，余额达 1.1 万亿元。同时，绿色债券期限搭配更为合理，成本优势逐步显现。

第三，绿色保险具有巨大发展潜力。总体而言，我国绿色保险产品的种类和发展规模仍处于初级发展阶段，在保险种类、保险资金投入上仍有较大发展潜力。

第四，碳金融交易市场不断扩容。自 2011 年我国启动碳排放权交易试点以来，我国碳市场覆盖行业和企业范围不断扩大。碳金融品种不断丰富，现已有碳质押、碳回购、碳期货、碳远期、碳基金等 20 多个碳金融创新产品。截至 2021 年 12 月 31 日，全国碳排放权交易市场第一个履约周期顺利结束，全年碳排放配额成交量累计达 1.79 亿吨。中国金融学会绿色金融专业委员会在《碳中和愿景下的绿色金融路线图研究》中预测，按央行口径，到 2050 年，我国未来的绿色低碳投资累计需求将达 487 万亿元，碳市场交易未来发展空间潜力巨大。

3. 金融科技技术手段与绿色金融业务深度融合，应用场景不断丰富

随着数字技术发展和推广，金融科技在绿色金融领域的应用场景不断丰富。据《金融科技推动中国绿色金融发展：案例与展望》报告显示：2020 年，根植于绿色金融领域的活跃金融科技公司约为 59 家，涉及 ESG 投融资、全国碳市场交易、绿色消费、绿色农业等多个领域，如湖州市通过使用金融科技打造了"担保集市""智慧法院"，升级绿色融资主体 ESG 评价模型等，可实现对辖区内所有银行进行精准信息统计、全面信息管理和业绩评价，并计划将相关技术下一步在湖州下辖各地市以及长三角地区进行广泛推广及应用。

从技术手段的使用角度来说，目前大数据、AI 和云计算是我国绿色金融发展使用最为频繁的三项重要技术，如通过数字技术、AI 模型等方法可提高绿色识别认证和绿色效益评估，区块链可用来支持绿色资产交易，对绿色信贷资产投向进行跟踪，还可通过数字技术构建环境风险信息基础数据库，提升客户绿色评级，完善信用体系，开展环境风险压力测试等。

综上所述，我国绿色金融的发展呈现出以下特点：第一，绿色发展理念深入人心，绿色金融的理论基础也已完备，各行各业对绿色金融更加重视。第二，绿色金融市场快速发展，相关产品日益丰富。绿色金融产品不断丰富，绿色债券发展迅速，绿色信贷体系趋于完善。从发行品种上看，绿色债券、绿色资产支持证券（ABS）、绿色资产支持票据（ABN）等新产品发行规模稳步发展。从发行主体上看，国有企业是重点，商业银行发行绿色债券的积极性有所提高，发行主体日趋多元化。第三，绿色金融工具多元化，绿色金融体系逐步完善。绿色金融市场的范畴和覆盖范围不断延伸，相关业务的深度、广度以及专业化程度都在快速提升，绿色金融对实体产业的支撑作用也日益明显。第四，绿色金融标准体系逐步成型。绿色债券的认证、披露、评级方法、环境压力测试等绿色金融标准体

系逐步完善。

四、绿色金融发展的优化策略

近年来，我国开展了卓有成效的绿色金融实践，在全球绿色金融发展领域形成了鲜明的"中国经验"，有效推进了我国绿色技术创新和经济的绿色转型。"虽然我国绿色金融发展取得了较好成绩，但仍须进一步提高绿色金融服务绿色技术创新的水平和质量。"[①]

（一）完善绿色金融法规政策机制

1. 尽快落实并形成统一的绿色金融标准

我国绿色金融发展至今尚未形成统一的标准，没有固定的绿色金融发展模式，没有形成固定标准，没有统一的监督评级体系，对绿色金融发展标准的法规政策尚未成立。

在此情况下，我国应该积极推进绿色金融标准的法律法规建设，给予绿色金融市场发展方向，从而解决发展不一的问题。具体而言，我国应该积极推进绿色金融认证制度的建设，积极引入第三方评估与监督机构，推进绿色金融机构体制改革，鼓励中介结构参与绿色金融，形成统一的绿色金融评级体系，从而形成统一的绿色金融标准，促进我国绿色金融体系的国际化发展。

2. 政策激励制度建构要多元化

我国绿色金融发展取得如今的成就离不开政策的支持，政策对于绿色金融发展的支持应该是多元化的，应该是立体的和全面的。第一，政府通过支出支持绿色金融发展的基础设施建设，为绿色金融发展提供基础；第二，政府通过给予绿色产业和绿色项目利率优惠，从正面支持绿色金融发展，政府还通过对高污染、高耗能产业与项目限制性规定，从侧面支持绿色金融发展；第三，政府通过政策激励和利率补贴，吸引金融机构、企业以及私人的绿色投资，从而促进绿色金融的发展。从整个政策激励来看，均是财税方面的激励，缺乏货币政策方面的激励，对此，我国应该积极大胆尝试货币政策方面的激励措施，可以尝试发行绿色金融周年纪念币、对绿色金融产业及项目定向增加货币供给等方式来促进绿色金融的发展。

3. 加大风险防范机制建设的政策投入

我国应该在绿色金融发展的风险防范机制建设方面加大投入，应该从法律层面上明确

[①]　许雪芳，覃宇冰. 我国绿色金融发展的实践经验与提升路径 [J]. 人民论坛，2020 (30)：72-73.

政府、市场的责任与义务，细化到个人、企业、银行需要承担的责任，建立相关监督监管机构，加强对绿色金融市场、绿色企业、绿色项目的监管，加强对金融机构的监管力度，明确金融机构在污染耗能成本上的环境风险责任。

同时，建立我国绿色金融发展风险管理机构，建立风险防范机制。由于我国绿色金融体系的构建尚处于探索阶段，政策尚不完善，应加大投入建设风险防范机制。一方面，可以对人才培养加大投入，以专业人才服务绿色金融的发展，减少操作风险；另一方面，可以在外部评估监督机构方面加大投入，从而规范绿色金融活动，减少绿色金融发展风险。除此之外，还可以在建立强制性绿色保险制度方面加大投入，以保险保障绿色金融的平稳发展。

（二）加快绿色金融市场机制建设

从我国绿色金融发展历程来看，绿色金融的发展主要依靠政策推动，市场作用得不到体现。对此，我国应该加快绿色金融市场机制建设，以市场机制推动绿色金融发展。

1. 建立专门服务绿色金融的银行

我国应该借鉴国际经验，设立专门的绿色政策银行或生态银行，简化绿色金融相关的贷款程序，为我国绿色金融发展提供专业化的服务，包括绿色金融相关信贷服务、投资咨询、绿色专业化信用评级以及资产管理等，及时跟踪我国绿色金融贷款资金去向等，专门为我国绿色产业和项目提供贷款，为绿色金融发展提供稳定的资金支持，合理分配金融资源，提升绿色金融的专业化水平，从而解决我国绿色金融发展中存在融资难得问题。

2. 培养专业化绿色金融人才

要发展我国绿色金融，应该建立人才培养机制，为绿色金融输送专业人才。具体而言，金融机构应该加强业务人员培训，组织相关绿色论坛，积极参与国际绿色金融会议，提供人才培养路径，积极联合教育机构、环保部门培养绿色人才。学校以及研究机构可以开设绿色金融相关课程，为我国绿色金融发展提供专业人才基础。个人应该树立绿色发展理念，培养绿色发展意识，积极参与到绿色金融建设活动当中。

3. 不断完善信息披露制度

根据证监会的要求，企业必须每年强制披露社会责任报告。社会责任报告是企业发展绿色金融的重要体现，应该加强信息披露的管理，规范企业的行为，助力绿色金融发展。要求企业每年发布社会责任报告，一方面能引起社会对发展绿色金融的重视；另一方面发布社会责任报告能帮助培养绿色发展理念，使绿色生产与绿色消费理念深入人心，有助于经济发展与环境保护的协调发展。

除了披露社会责任报告之外，我国还应该加强绿色金融发展各个有关部门之间的信息共享机制的建设，努力构建中国绿色投资者网络，加大信息共享，从而提高绿色金融发展效率与透明度，保证绿色金融发展公开透明与效率。

（三）完善绿色金融发展中的创新机制

通过科技创新，引入互联网、大数据以及区块链技术等，完善绿色金融监督管理体系。

1. 绿色金融产品与服务的创新

我国应该加快绿色保险产品的创新，加大对绿色保险研发的投入，可以建立强制的保险制度等。碳金融方面，我国正在不断试点推进，但是目前的碳排放交易权局限于区域内部，我国可以尝试跨区域之间的碳排放交易权活动，推动碳排放交易在全国范围内实行，积极推进该碳市场机制的建设等。除此之外，还应该积极开发新的绿色金融产品，如绿色产业基金、碳基金、碳期权、碳期货等。

2. 金融机构的实践创新

要发展我国绿色金融，金融机构亟须实践创新。金融机构实践创新可从两个方面入手：一是金融机构的绿色金融业务创新。我国金融机构应该扩大绿色债券发行，助力绿色发展；二是金融机构的环境风险管理。我国金融机构应该建立金融机构绿色信息互享平台，加大绿色金融发展透明度，降低绿色金融风险。不仅如此，金融机构还应该搭建环境社会风险管理体系框架，通过将环境风险作为金融机构业绩考核目标、建立环境检查表等完善环境风险管理措施，可通过发布社会环境相关政策解决绿色金融发展风险高的问题。

3. 绿色金融的科技创新

绿色金融是一门复合科目，其实践涉及科技、金融等方面，科技创新对绿色金融发展具有积极意义，引入互联网科技、大数据、云计算等，实现"互联网+绿色金融"的发展模式，减少绿色金融发展成本，形成方便、快捷、效率高的绿色金融发展模式，同时，能提高绿色金融覆盖面和市场主体参与度。

除此之外，还可以引入区块链技术到绿色金融，实现"区块链+绿色金融"发展模式，可完善绿色金融监督机制，利用区块链+大数据的特有属性，对绿色金融发展资金动向进行检测，降低绿色金融发展中的风险。科技创新对绿色金融的支持，能高效提高绿色金融发展水平，提高绿色金融发展效率，还能通过互联网科技的应用，提高绿色金融的认知度，从而提升人们的绿色发展意识，将绿色金融发展进行广化与深化。

（四）其他绿色金融发展的配套机制

绿色金融的发展，应该是"全面"的发展，主要表现在以下四个方面。第一，绿色金融发展应该是全局协调发展，应该减少发展差距，实现共同发展，一个省都不能落下。第二，绿色金融产品是丰富的、多样化的、有结构层次的，我国应该要积极努力实现我国绿色金融产品的"全面发展"。第三，绿色金融发展应该是参与主体全民化的，是众多参与主体共同努力实现的，我国绿色金融应该要实现参与主体的"全面"发展。第四，绿色金融是一门复合型学科，绿色金融实践也应该采用复合方式开展，应该积极引入大数据、网络科技到绿色金融，实现"互联网+绿色金融"发展，提高绿色金融效率，提高绿色金融覆盖面，实现领域"全面"发展。

我国应该实施相应政策，给予落后经济区域绿色金融政策倾斜，缩小绿色金融发展差距，还应该加快绿色金融产品与业务的研发创新，实现绿色金融产品的全面发展。积极引导金融机构参与绿色金融建设，普及绿色金融知识，提高公民、企业、地方政府的绿色意识，建设全面发展的绿色金融。

除此之外，我国还应该在税制方面给绿色金融发展提供便利，可以实行绿色金融相关税制，比如环境税和碳税等。

第三节　应用绿色科技助力绿色发展

科技是把"双刃剑"，在给人类带来空前的经济繁荣和物质财富的同时，也带来了严重的环境污染和生态破坏。绿色科技正是在伴随人类活动对生态环境的负面影响不断加大的过程中凸显出来的，其实质是一种可保持人类持续发展的科技体系，是当今时代对科技为经济社会与生态环境的和谐发展服务的方向性引导和生态化规范。它要求一切有害生态环境的生产技术将受到严格限制直至淘汰出局，而无害生态环境的生产技术将得到高度重视直至推广普及，从而加速人类与其生存环境的全面协调与可持续发展的时代进程。

一、绿色科技的基本知识

（一）绿色科技的起源

文明是人类活动历史的产物，文明系统的发展与人类社会的进步息息相关。迄今为止，人类社会已经走过了原始文明、农业文明、工业文明三个文明时代，这三种形式的梯次进步不仅是在人类实践经验的基础上实现的，更重要的是伴随着人类科学技术水平不断提升的纽带而递进。然而，本来应该造福于人类的科学技术在发展进程中却偏离了原有的正常发展轨道，发生了"基因突变"和异化，其产生的负面效应给人类赖以生存发展的自然生态环境带来了严重破坏。人类社会的可持续发展迫切需要能够从根源上克服异化现象的绿色科技的产生和繁荣。

（1）科学技术在原始文明时代的萌芽。原始社会的早中期，文明还处于蒙昧状态，这个时期人类对自然的开发利用不具备足够的空间和能力，只能顺从自然界所给予的一切。最初，人类只是用天然的石料和木棍作为获取食物的"工具"，在这种本能地寻求生活资料的过程中，原始人类逐步学会了石器的制造，尤其是火的使用，这是人类首次对大自然的利用与改造，它标志着文明向前迈出了关键的一步。虽然早期人类所从事的获取生存资料的生产活动还比较原始，但至少可以从中看到人类文明的曙光，它蕴含着人类早期科学技术的萌芽。

（2）科学技术在农业文明时代的奠基。农业文明是人类对自然世界主动探索的社会体系，这种有意识的主动索取劳动成果的经济活动使得此阶段人类文明也体现出不同于原始时代的特征，涌现了大量绚烂的科技成果，如古代埃及的几何学、医学和建筑技术，古巴比伦的天文科学和数学知识，古代印度的数码知识等，尤其是中国的指南针、造纸术、印刷术、火药，这四大发明成为这一时期科学技术水平高度发达的主要标志。这些影响深远、举世瞩目的科学技术成果极大地推动了农业文明时期生产力的迅速发展。

（3）科学技术在工业文明时代的腾飞。进入工业文明时代以后，人的因素开始占据主导地位，科技革命极大地促进了生产工具的进步和生产方式的变革，蒸汽机的发明、电力的运用、对宇宙空间的探索活动、核技术、信息技术、生物技术、新材料技术等的创建和发展，使人类的视野进一步拓展至宇观、宏观和微观的领域。人们利用科学技术来控制、改造甚至征服自然界的能力达到了前所未有的新高度，充分彰显了人类在这个星球的主人地位。

（二）绿色科技的含义

第一，绿色科技的绿色，首先是对整个科学技术活动的一种导向，而不是仅就某一门学科的性质、某一个定律的内容或某一项操作的功能来说的。这种导向，其一，从科技发展战略上讲，主要是指人们在从事科技工作，在发展和应用科学技术时不仅要为科教兴国战略服务，为提高社会经济实力和综合国力做贡献，而且要为实现可持续发展战略服务，为建立良好的生态环境做贡献；其二，从科技发展的基本要求讲，各门科学技术、各种科学技术活动，都要符合生态化的方向，不仅农业、林业要实现产业生态化，冶金、化工、建筑、交通、服务等传统行业的科技工作也要以有利于生态化为方向，即既有经济目标又有环境目标，力求做到低消耗和低污染，实现清洁生产，对环境安全，有利于人与自然的协调发展。

第二，就具体的学科和专业说，绿色科技是为解决生态环境问题而发展起来的科学技术，是有益于保护生态和防治环境污染的科学技术。此时，又可将绿色科技划分为两类，一类主要是保护绿色的科技，如治沙技术、预防病虫害技术、污水处理技术、垃圾无害化处理技术以及医学科学技术等；另一类主要是推进绿色发展的科技，如高效节能技术、资源综合利用技术、新能源开发技术（如太阳能高效利用技术、核能的安全利用）等。

第三，绿色科技还特指与生物资源有关的科学技术，从内容和形式看，绝大部分生物技术是名副其实的绿色技术。这里所说的生物技术不仅是指现代的基因工程，如利用基因的变异、剪切、重组来育种或制药；还包括对各种天然生物资源的各种形式的保护、提取和加工，例如用现代生物化学方法提炼野生动植物的有益成分，使之成为有特殊疗效的药物、保健品、农药；这不仅属于生物技术，而且有一些还可以是"生物高技术"。

（三）绿色科技的特点

绿色科技的特点表现在以下几点（见图4-2）：

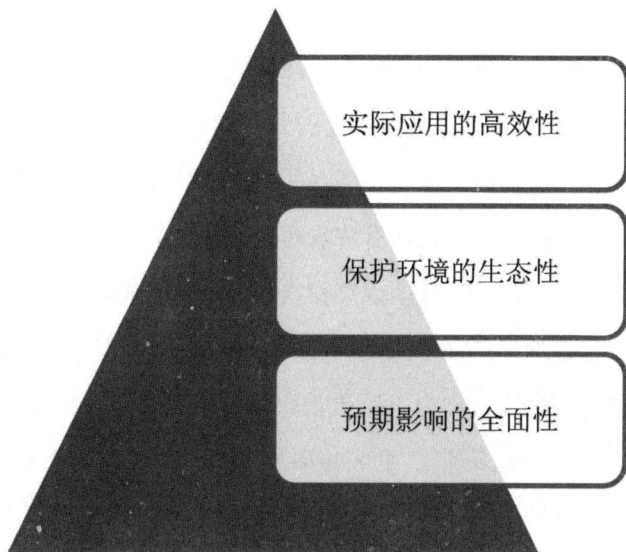

图 4-2　绿色科技的特点

1. 实际应用的高效性

科技只有应用于具体产业才能转化为实实在在的第一生产力。绿色科技的研发绝对不能仅仅停留在口号上、文件中、书本里和实验室，必须实现产业化、市场化，使之渗透于国民经济生产生活的各行各业，因此，绿色科技是具有很强应用性的科学技术，是要在市场中接受检验的，否则，因无法操作、使用成本过高等因素而不能应用于生产生活的科技，我们无法判断其是否对污染防治、生态修复和资源合理利用起到实际效果，自然也无法将其定性为绿色科技。总之，绿色科技要实现生态效应、经济效应和社会效应三者的统一，实现社会、经济和环境共赢的目标。

2. 保护环境的生态性

相比传统科技完全站在人类的角度将自然环境作为"取料场"和"垃圾场"的价值取向，绿色科技是从人与自然和谐的角度来思考问题，基本出发点是既要持续发展社会经济，又要极力避免对生态平衡的危害和对资源的滥用。绿色科技充分考虑自然环境的承受能力，力求达到低消耗、高产出、自循环、无公害的要求，是一种"无公害化"或"少公害化"的技术；绿色技术对废弃物进行资源化再利用，注重污染的治理消除和生态系统的修复；绿色技术注重防患于未然，从源头做起，对生产工艺、制造技术和产品材料进行重新设计，确保生产过程的无污染和低能耗以及终端产品的无毒性和可回收性，多层面、多角度、全方位实现生产、流通和消费的全过程生态化。

3. 预期影响的全面性

新科技产生后，往往会引发多种效应，如环境效应、经济效应、社会效应等，这些效应产生的综合影响是复杂的、滞后的和隐性的，因此对某项科技的评价不能只看其表面的、短期的经济效应，而应树立全面的、联系的、长远的战略眼光，尽可能地考虑到其对人类社会和生态环境的深远影响，比如有些农药治病杀虫的性能卓越，经济产出效益也很明显，但如果这类农药毒性高、有致基因突变或物种消灭的风险，那么它就不是绿色技术和产品，必须寻找替代技术与产品。关于科技影响的一个经典案例就是 DDT 的发明和使用。DDT 是一种广谱杀虫剂，药效高，由于它的使用，害虫剧减，农业产量得到了很大提高，DDT 的发明者米勒也因此获得了 1948 年诺贝尔奖，但具有高度稳定性的 DDT 难以降解而积累于生物体内，彻底改变了人类与自然世界的关系，不但危害其他有益的动植物，也严重危害人类的身体健康。今天 DDT 虽然已经被禁用，但对其的认识却经历了长期而艰难的过程，这给我们今天发展什么样的科学技术以及如何判断绿色科技留下深刻思考。

（四）绿色科技进步的过程

从宏观层面来讲，绿色科技进步是整个社会文明程度提升的结果，是经济在人们对环境生态保护诉求下的一次升级转型；从微观层面来讲，绿色科技进步是企业为了增强竞争力，积极响应市场需求变化趋势，将人们对环保的诉求转化为生产力的过程。因此，绿色科技进步过程可以从宏观与微观两个维度上进行解析。

宏观维度上，社会大众的绿色要求，使得市场需求发生了绿色化的转变，绿色的产品需求越来越多，社会大众对绿色产品的要求转化为绿色的市场需求。随着社会大众对绿色科技的追求，科学家为了人类可持续发展逐渐偏向绿色科技的研究。绿色科技水平的提高，能够为绿色技术创新提供坚实的基础与保障。市场需求是拉动企业开展技术创新的重要动因之一。当绿色科技机会与绿色需求机会交汇时，企业就会产生新的构思，如果这种构思能够符合企业的长远利益，企业将进行产品研发。企业从事研究开发活动的目的是很实际的：开发可以或可能实现实际应用的绿色技术，即根据企业的技术、经济和市场需要，敏感地捕捉各种绿色技术机会和市场机会，探索应用的可能性，并把这种可能性变为现实性。如果研发生产过程能够满足社会绿色要求，那么势必会受到消费者的追捧，最终满足绿色市场的需求。

微观维度上，企业绿色科技进步主要包括研究与开发绿色化、技术应用绿色化和经营管理绿色化三个过程。①研究与开发绿色化主要是指企业的环境管理已经深入研究与开发过程之中，大体包括绿色产品创新研究与清洁技术创新研究两种形式。②技术应用绿色化具体可分为末端治理技术、清洁工艺、绿色产品三个层次。其中，末端治理技术是在默认现有生产技术体系和废弃物生成的前提下，通过对废弃物的分离、处理、处置和焚化等手段试图减少废弃物污染的技术；清洁工艺技术是指通过采用先进工艺与技术减少污染产生的技术，包括原材料替代、工艺技术改造、强化内部管理和现场循环利用等；绿色产品是指产品的消费过程不会给环境带来危害，主要包括产品在消费过程中和消费后的残余物有毒有害物质最少化，产品消费后的残余物最少化，产品回收后再循环利用。③经营管理绿色化是指企业为了适应环境法规以及消费者偏好，积极主动地建立绿色经营管理模式和战略。比如，企业在经营管理上需要设置环保部门，处理废弃物治理与污染纠纷，参与企业环境战略制定；研究发展部门需要在技术开发中考虑新产品、新工艺可能产生的废弃物及对环境的影响；生产部门需要及时进行物料平衡、物料控制、废弃物分离，并加强对各生产工序的废物审计；营销部门需要建立回收废旧产品的渠道，更新营销策略，让用户接受低耗费产品和绿色产品。

二、构建中国绿色科技支撑体系

（一）选择合适的自主创新技术路线

要满足建设生态文明的技术要求，要么大量从发达国家进口技术，要么依靠提高自身的技术创新能力。对于前者，由于发达国家都将生态文明技术水平作为未来国家核心竞争力来看待，故很难从发达国家大规模进口技术，尤其是关键技术，即便能进口，也代价高昂。这意味着，作为未来国际科技竞争的重要领域，中国生态文明技术的进步和发展必须走以自主创新、应用性创新为主的道路。

当前，要根据国情国力、发展战略目标以及核心发展诉求选择合适的技术创新路线。首先，中国核心发展诉求是以人为本，改善民生。发展和应用生态文明技术，长期来看，显然是符合这一核心诉求的，短期内也可以创造一些新的就业机会。这也意味着，发展生态文明技术也应该像建设生态文明一样，分阶段、分步骤推进，应该在不同发展阶段选择不同的技术路线。

具体来讲，中国可以根据自身的能源结构特点，侧重从煤炭、石油等常规能源的清洁化、节能化等领域寻求应用性的技术突破，以在现有能源结构框架内实现能效提升和减排。同时，在核电、风能、生物质能等清洁能源技术方面，发挥自身优势，抢占技术创新制高点。

推进符合中国国情的技术创新路线，重要的是建立相关技术标准。例如，在利用现有能力生产纯电动汽车改造项目或动力模块建设项目中，以往规定最高时速不低于 100 公里，现调低到 80 公里，车载充电时间从不多于 5 小时，调高到 7 小时，另外新增每公里电量消耗不高于 0.16 千瓦时的要求。门槛调整的还有插电式混合动力汽车，乘用车在纯电模式下，续驶里程从以前要求的不少于 100 公里，降低到 70 公里。应该说，在国内的电动车还存在不少技术困难、短时间之内难以普及的情况下，适度降低电动车技术指标，可以为国内电动车的商业化之路扫清不少障碍。

具体到每一种具体技术，也需要根据技术创新和产业化规律，完善技术创新路线。以 LED 技术和产业为例，除了 LED 芯片、封底材料技术、衬底剥离工艺技术、新型白光照明技术等核心技术的研发以外，还需要集中开发灯具设计、光学设计、驱动电源（LED 背光、LED 汽车照明）、通用照明等下游应用以及器件封存、新型封装结构、散热设计等中游技术和产品，形成完整的技术进步和产业化链条。

（二）培养绿色科技意识

意识是行动的先导。因而，要促进生态文明的科技事业的发展，首先必须培养生态科技意识。作为一种重要的生态意识，生态科技意识就是指科技工作者在科技研发中践行生态理念的意识。在传统意义上，科学技术是用来征服并改造自然的。在这种科学技术的肆虐下，生态失衡与环境污染状况日益严重，人们不得不转变传统的科学意识，形成有利于保护生态与环境的生态科技。这就要求广大科技工作者在日常的科技研发之中要勇于承担生态责任，将生态理念融入具体的工作实践中。其次，政府对科技工作者应进行必要的监督，在科研经费拨付中应增加生态项目，对有利于生态保护的科学技术发明予以重奖，以调动科技工作者进行生态科技研发的积极性。最后，广大群众作为消费者也应该形成绿色消费的生活方式，注重对生态科技产品的消费，拒斥易于对生态环境造成破坏的产品的消费，以引导低碳产业的形成，从而从根本上奠定引发科技工作者确立生态科技意识的经济基础。

（三）绿色科技创新引导市场需求

化解生态危机不仅需要生产模式的转变，更需要在消费模式上进行革命性的转变，需要消费者树立绿色消费观，形成一种环境友好、可持续的消费模式，即生态文明建设下的绿色消费观和绿色消费模式。绿色消费观就是倡导消费者在与自然协调发展的基础上，从事科学合理的生活消费，提倡健康适度的消费心理，弘扬高尚的消费道德及行为规范，并通过改变消费方式来引导生产模式发生重大变革，进而调整产业经济结构，促进生态产业发展的消费理念。绿色消费观和绿色消费模式的建立，决定了消费者在消费过程中有意识地选择和使用利于自身和公共健康的绿色产品。绿色科技创新会为市场带来大量的物美价廉、品种多样的绿色产品，以满足日益高涨的绿色消费需求，提高人民的生活质量和品位。

（四）加快科技成果转化

所谓科技成果转化，就是指将具有创新性的技术成果从科研单位转移到生产部门，使新产品增加，工艺改进，效益提高，最终经济得到发展。目前，促进科技成果转化，加速科技成果产业化，已经成为世界各国科技政策的新趋势。

加快科技成果转化，就必须充分发挥各相关主体的积极作用，应做到如下几点：第一，政府要充分发挥引导作用，制定相应的政策，大力支持企业建立自己的科研机构，着力于改变我国长期形成的科技与经济相分离的局面；第二，企业要不断提高自身科技成果转化的主体意识，勇于担当科技成果转化和推广过程中的主体责任，积极参与科技成果转化，力求寓科技成果于产品开发和发展生产之中；第三，高等院校、科研院所等科研单位作为科技成果的供给主体，要担当基础研究、应用研究以及高新技术产业化的重任，为社会提供更多的高新科技成果；第四，各种科技中介服务机构要积极介入技术市场化的全过程的各阶段，努力加强技术供给方与需求方的联系，为技术进入市场提供便捷的渠道。

第四节　打造绿色产业助力绿色发展

纵观人类的发展历史，任何一种人类文明的形成以及文明形态的更迭交替，都与产业分工以及由此衍变的产业体系有密不可分的关系，打造绿色产业体系是实现绿色发展的必由之路。

一、绿色产业的界定及其划分

（一）绿色产业的界定

绿色产业是 20 世纪下半叶在传统资源耗费型产业基础上发展起来的以可持续发展和环境保护为理念的新兴产业形态，把资源节约理念贯穿于产业生产过程的主要环节中，生产的产品在生产过程中不造成污染，产品进入消费过程后不对环境造成污染或破坏的各类相关的部门和产业的集合体，是具有社会价值、生态价值和经济价值的高新技术产业。狭义的绿色产业，为传统意义上的环保设备的生产、制造，以及利用这些设备与技术进行环境污染控制、处理与服务的产业总称，即主要是"熵"处理产业。广义的绿色产业，包括一切直接或间接生产经营与生态环境建设、保护、管理（或服务）有关的部门和企业的集合。

关于绿色产业的定义，国际绿色产业联合会进行了如下界定："如果产业在生产过程中，基于环保考虑，借助科技，通过绿色生产机制力求在资源使用以及污染减少的产业，我们即可称其为绿色产业。"绿色产业的概念十分宽泛，涵盖了经济学、生态学以及环境科学等多学科内容。整体来讲，绿色产业的概念应包含狭义与广义两个方面。狭义的绿色产业是指以防止环境污染、保护生态环境为目的，以绿色技术、绿色投资为保障进行的技术研发、工程建设与资源利用等一系列经济活动，是立足于可更新资源的可持续利用，或虽然消耗不可更新资源但已达到环境标准或满足清洁生产标准的产业。而广义的绿色产业，即与资源节约、绿色友好相关的所有产业，在产业生产过程中倡导环境友好以及低污染、低排放理念，具有较高生态价值、社会价值和经济产值的产业均可视为绿色产业。绿色产业的狭义与广义概念并不是割裂的，而是辩证统一的。狭义的绿色产业主要是针对以环保与资源节约为目的应运而生的产业和完全绿色化生产的产业；广义的绿色产业概念则注重产业绿色化转型过程，将正朝向环境保护、资源节约转型的产业统称为绿色产业，一旦这些产业转型成功便成为狭义概念的绿色产业。综上所述，绿色产业是指将资源节约和环境保护理念贯穿于产业生产经营的各个环节，从原材料采用、生产加工到分销、回收利用已经做到零污染、低消耗或正努力向零污染、低消耗转型的产业。

（二）绿色产业的划分

虽然社会分工细化催生了许多新兴行业，如软件产业、再生产业、环保产业等，但这些产业均能在农业、工业与服务业三次产业中找到原型，同样适用于绿色产业。因此，绿色产业应融入三次产业，是三次产业的交叉体。

按照三次产业进行划分，绿色产业则包括绿色农业、绿色工业和绿色服务业（见图4-3）。

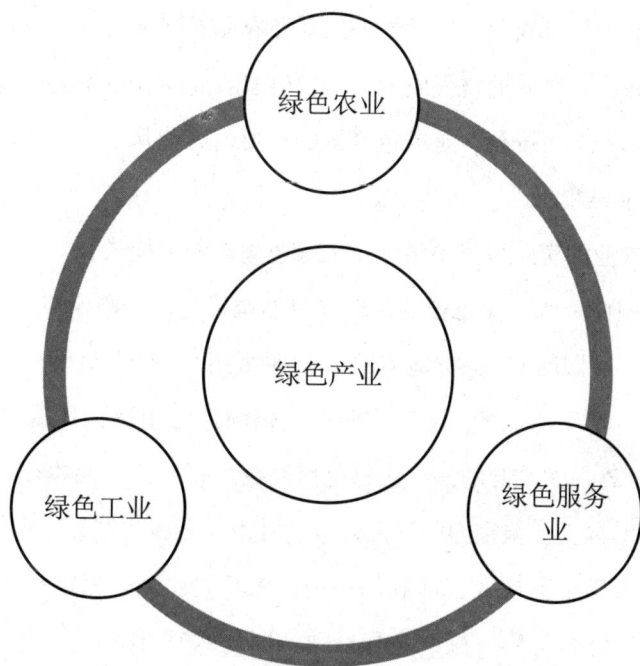

图4-3 绿色产业的划分

其中，绿色农业是指以生产并加工销售绿色食品为主体的农业生产方式。绿色农业以"绿色环境""绿色技术""绿色产品"为主体，促使过分依赖化肥、农药的化学农业向主要依靠生物内在机制的生态农业转变。绿色工业的实质是改变传统的粗放型经济发展模式，以低消耗、低污染、高效率和高产出为主，强调合理开发利用自然资源，实现生态平衡。绿色工业追求整个产品生产过程中实行清洁生产，减少物料消耗，同时实现废物减量化、资源化和无害化，从而使资源、能源、投资得以最优利用。虽然服务业被称为无烟产业，与绿色有天然的联系，但是服务业在为消费者提供服务的过程中仍会消耗和使用大量实体产品，仍可能会产生一定的废弃物、废水等污染。绿色服务业旨在利用循环经济、低碳经济、生态经济的理念，降低此过程中的物质消耗与环境污染。

二、我国打造绿色产业的实践领域

绿色发展落实到经济领域，主要体现在产业发展的绿色化、绿色发展的金融支持以及支持绿色发展的技术基础等关键领域。因此，从绿色发展的具体实践来看，需要绿色产业、绿色科技、绿色金融的支持，并在三者融合发展中走出绿色发展的路径。

（一）绿色农业

绿色农业作为一种促进农业可持续发展的新型农业发展模式，是以产业化为主线的生态、安全、优质、高产、高效的现代农业，是在生态农业等农业发展模式探索的基础上进行的总结、扩展、提升与系统化，是绿色经济的重要内容和基础。

1. 绿色农业的实践模式

我国有关绿色农业的实践可以总结为十大绿色生态农业模式：

第一，北方"四位一体"生态模式，即在自然调控与人工调控相结合的条件下，利用可再生能源（沼气、太阳能）、保护地栽培（大棚蔬菜）、日光温室养猪及厕所等四个因子，通过合理配置形成以太阳能、沼气为能源，以沼渣、沼液为肥源，实现种植业（蔬菜）、养殖业（猪、鸡）相结合的能流、物流良性循环系统。运用本模式，冬季北方地区室内外温差可达30℃以上，温室内的喜温果蔬正常生长，畜禽饲养、沼气发酵安全可靠。

第二，南方猪沼果生态模式，即利用山地、农田、水面、庭院等资源，采用"沼气池、猪舍、厕所"三结合工程，围绕主导产业，因地制宜开展"三沼（沼气、沼渣、沼液）"综合利用，从而实现对农业资源的高效利用和生态环境的建设。

第三，草地生态恢复与持续利用模式，即遵循植被分布的自然规律，按照草地生态系统物质循环和能量流动的基本原理，运用现代草地管理、保护和利用技术，在牧区实施减牧还草，在农牧交错带实施退耕还草，在南方草山草坡区实施种草养畜，在潜在沙漠化地区实施以草为主的综合治理，以恢复草地植被，提高草地生产力。

第四，农林牧复合生态模式，即借助接口技术或资源利用在时空上的互补性所形成的两个或两个以上产业的复合生产模式。所谓接口技术是指联结不同产业之间物质循环与能量转换的连接技术，如种植业为养殖业提供饲料饲草，养殖业为种植业提供有机肥。其中的利用秸秆转化饲料技术、利用粪便发酵和有机肥生产技术均属接口技术，是平原农牧业持续发展的关键技术。

第五，生态畜牧业生产模式，即在畜牧业全程生产过程中饲料园区、饲料及饲料生产、养殖及生物环境控制、废弃物综合利用及畜牧业粪便循环利用等环节实现清洁生产，实现无废弃物或少废弃物生产过程。

第六，生态渔业模式，即按生态规律进行生产，保证水体不受污染，保持各种水生生物种群的动态平衡和食物链网结构合理，将同类不同种或异类异种生物在人工池塘中进行多品种综合养殖。

第七，设施生态农业模式，即在设施工程的基础上，以有机肥料全部或部分替代化学肥料（无机营养液）、以生物防治和物理防治措施为主要手段进行病虫害防治、动植物共生互补良性循环等技术构成的新型高效生态农业模式。

第八，观光生态农业模式，即以生态农业为基础，强化农业的观光、休闲、教育和自然等多功能特征，形成具有第三产业特征的农业生产经营形式，主要包括高科技生态农业园、精品型生态农业公园、生态观光村和生态农庄四种类型。

第九，平原农林牧复合生态模式，即利用当地现有资源，综合运用现代农业科学技术，在保护和改善生态环境的前提下，进行高效的畜牧、林业和蔬菜等农产品的生产。

第十，丘陵山区小流域综合治理利用型生态农业模式，即主要应用于地貌变化大、生态系统类型复杂、自然物产种类丰富的区域，充分发挥生态资源优势，发展农林、农牧或林牧综合性特色的生态农业。

2. 绿色农业的发展对策

（1）提高认识，加强领导

宣传是人们认识绿色农业的重要途径，宣传部门一定要充分发挥自己在绿色农业建设与推广中的作用，大力普及绿色农业知识，让广大基层管理者认识到绿色农业是未来农业发展的基本趋势，让广大农民认识到绿色农业是提高收入的有效手段。在宣传手段上，可以充分利用电视、广播、报纸、杂志等大众媒介，结合绿色农业宣传的特点将科学的知识与先进的理念传递到农村地区，传递到农民心里。

（2）增加资金投入

资金是发展一切项目的基础。没有强大的资金支持，绿色农业项目的发展不可能成功。因此在发展绿色农业、改善我国农业生态环境的过程中，国际必须建立一套完善的农业资金投入体系，保证绿色农业建设的资金保障。另外，在资金获取的途径上，国家应该逐步开放社会投资，扩大我国农业发展资金的筹集渠道，增加农业发展资金的投入力度，为我国农业的发展、绿色农业系统的建设提供有力的支持与保障。

（3）加强农业生态环境监测、评估体系建设

第一，随着信息技术的发展与进步，利用互联网进行动态检测与报告已经成为一种比较成熟的技术，因此在农业生态区域建立互联网动态监测系统完全能够满足环境监测的需求。建立完整的农业动态监测网，在全国各省、自治区、直辖市和计划单列市建立农业生态环境监测，能够有效地对我国农业生态环境实现实时监控。

第二，基层监测对农业生态环境监测具有重要作用，因此在农业生态监测体系的监测中，我们应该大力发展和建设县级、乡级农业生态环境监测点，在全国范围内形成一个完整的农业生态环境监测网。

第三，核算、评价与支持体系是对监测数据进行分析的基础，因此在生态环境监测的体系的建设过程中，我们要发展和完善农业环境核算、评价与支持系统，将采集到的数据进行及时的分析与处理，为农业生态环境项目的决策提供强有力的支持。

（4）强化科技教育

在发展绿色农业的过程中，我们要着重对关键性的农业技术进行彻底的分析与应用研究，尤其从国外引进的技术，一定要结合我国农业生产环境、绿色农业发展的基本状况、我国农业种植的习惯等具体因素对其应用的可行性进行深入分析，保证其在投入生产之后能够最大限度地发挥作用，以避免资源的浪费。另外，在加强农业生态科技的研究上我们应该充分发挥高校的作用，利用其科学技术研究基础好、高科技人才集中的特点，大力开展绿色农业科技的研究工作，培养一批具有先进绿色农业技术的科技人才。

（5）推进绿色农业产业化经营

鼓励采取"公司+农户""龙头企业+基地建设"和"订单农业"等多种形式，大力推进绿色农业产业化经营。支持农产品加工企业、销售企业、科研单位以及各种类型的企业进入绿色农业建设和无公害食品加工销售领域，与绿色农业建设基地和农户形成利益共享、风险共担的经营机制。采取财政、税收、信贷等方面的优惠政策，扶持一批重点龙头企业加快发展。

（二）绿色工业

1. 绿色工业的实践形式

我国绿色工业的重要实践形式是清洁生产和生态工业园区建设。

清洁生产是对生产过程与产品采取整体预防的环境策略，减少或者消除对环境的可能危害，使社会经济效益最大化的一种生产模式。具体包括不断改进设计，使用清洁的能源和原料，采用先进的工艺技术与设备，改善管理，综合利用，提高资源利用效率，减少或者避免生产服务和产品使用过程中污染物的产生和排放。

我国早在 2002 年就颁布了《清洁生产促进法》。接着，在 2004 年由国家发改委和环保总局发布了《清洁生产审核暂行办法》，这是我国清洁生产政策取得重要突破的标志，在较大程度上解决了我国清洁生产实践中长期存在的经济激励不足和强制实施没有法律依据这两大难题。目前的清洁生产政策已经涉及法律、法规、技术指导目录以及标准和能力建设等方面，具体表现为：一是实行自愿审核和强制审核相结合，对于超标排放污染物和使用有毒有害原料进行生产或者在生产中排放有毒有害物质的企业实行强制审核；二是对强制审核配套了较严格的管理措施，具体包括信息发布和公众监督制度、限期审核、承担违法责任等；三是建立了政府扶持和奖励等配套政策。国家先后发布了三批清洁生产技术导向目录，涉及 141 项清洁生产技术。而且到目前为止，国家生态环境部已对造纸业、钢铁业、基本化学原料制造业、皮革制造业等众多行业制定了 50 余项清洁生产标准。

生态工业园区是在最小化参与企业的环境影响的同时提高其经济效益，对工业园区内物流和能源的正确设计模拟自然生态系统，形成企业间共生网络，一个企业的废物成为另一个企业的原材料，企业间能量及水等资源梯级利用。这类方法包括对园区内的基础设施和园区企业的绿色设计、清洁生产、污染预防、能源有效使用及企业内部合作。生态工业园区是继经济技术开发区、高新技术开发区之后中国的第三代产业园区。它着力于园区内生态链和生态网的建设，以最大限度地提高资源利用率，从工业源头上将污染物排放量减至最低，实现区域清洁生产。与传统的"设计—生产—使用—废弃"生产方式不同，生态工业园区遵循的是"回收—再利用—设计—生产"的循环经济模式，使上游生产过程中产生的废物成为下游生产的原料，达到相互间资源的最优化配置。

2. 绿色工业的发展对策

（1）改善工业结构，调整产业布局

改善工业结构，调整产业布局，要求我们在新型工业化进程中大力推进绿色农业、绿色工业和循环经济的发展，推动发展模式由环境污染型向环境保护和友好的方向转变，逐步改变生态产业在国民经济中较弱的态势，大力发展生态经济，使其逐步占据主导地位。

在农村，要加强农村经济结构的调整力度，放眼发展农林牧副渔等效益农业，从国内外市场的需求出发，开发适销对路的农副产品，提高农产品的附加值，充分利用森林、土地、水源等自然资源，使绿色食品和有机食品体系朝着结构优化、布局合理、标准完善、管理规范的方向发展。

在工业生产中要积极推行清洁生产，增加清洁能源的比重，实现上、中、下游物质与能量的循环利用，减少污染物的排放。要大力发展技术含量高、资源消耗少、污染程度低的基础产业和新兴产业，开发自己的优势产品。形成自身的品牌效应，力争建成一批既符合自然生态规律，又能有效提高经济效益的新兴产业群。我们本着"有所为，有所不为"的原则，把重点放在潜力较大的高新技术领域，如新能源、新材料、基因工程、现代生物技术、通信、激光等。

（2）走新型工业化道路

转变经济增长方式是我国实现经济、社会可持续发展的必经途径。要坚持走中国特色新型工业化道路，促进经济增长，由主要靠投资、出口拉动向依靠消费、投资、出口协调拉动转变，由主要靠第二产业带动向依靠第一、第二、第三产业协同带动转变，由主要依靠增加物质资源消耗向主要依靠科技进步、劳动者素质提高、管理创新转变。长期以来，我们简单地把增长当作发展、把增长作为第一位的追求。"增长方式"主要是就增长过程中资源、劳动、资本等投入的效率而言的。而发展方式则不仅包括了经济效益的提高、资源消耗的降低，也包含了经济结构的优化、生态环境的改善、发展成果的合理分配等内容。

加快转变经济发展方式，不仅要求以尽可能少的资源投入实现经济增长，而且也要求以尽可能少的污染物排放实现经济增长。科学发展观强调以人为本，发展的目的就是要满足人民群众日益增长的物质文化生活的需要。这种需要，不仅是不断提高收入水平，获得更多的物质产品和服务，也包括获得清洁的水、清新的空气、绿色的空间、惬意的环境等。

（三）绿色服务业

1. 绿色服务业的实践

由于服务业在社会经济中所占的比重及其资源占用量、耗用量越来越大，服务企业所带来的污染和资源浪费也越来越严重地危及社会的可持续发展。首先，服务过程中所涉及的有形产品，例如旅游纪念品、餐饮业中的食品以及餐具、医疗卫生事业中的药品以及医疗器材等这些有形产品都会污染生态环境；另外，服务过程中也会产生各种废气、废水、废渣、噪音等污染，例如交通运输业中的尾气等。目前我国绿色服务业发展主要体现在绿色旅游业、环保服务业和绿色餐饮业等方面。

绿色旅游有别于生态旅游。生态旅游的核心是生态系统及地方文化的保护，而绿色旅游强调的是旅游观光中能够保证旅游资源的可持续发展。最为典型的例子是北京蟹岛绿色农业旅游。北京蟹岛度假村以产销"绿色食品"为最大特色，以生态农业为依托，以"绿色、环保、可持续发展"为经营理念。蟹岛塑造绿色的主要手段就是发展旅游循环经济。蟹岛保证绿色与循环利用的措施是：不烧煤、不烧油、不烧锅炉，用的是地热、太阳能和沼气，物资能量大循环，基本实现了污染物零排放。水循环利用是：度假村地下温泉出水温度65℃，先提供冬季采暖之用，降温后供应客房；水温降到20℃就引入鱼塘、蟹池，最后灌溉蔬菜瓜果以及稻田，直至进入水处埋系统。污水处理厂对园区内生活污水进行无害化处理，处理后的水排放到氧化塘，通过生物净化与沙滤后的水引到农业区，用于灌溉农田、菜地和鱼塘。物质利用的再循环是用杂粮酿酒，酒糟用来饲养猪、牛、羊等家畜，然后再将游客和畜类的粪便连接化粪池，产生沼气供度假村饭店做饭和照明，沼气废液和残渣引入农田做基肥。并在稻田中投放螃蟹，以驱除害虫、吃杂草、疏松土壤，将农田—度假村—养殖场构成了一个大循环链。

绿色餐饮业发展重点发力于三个环节：第一，采购环节的绿色化，保证食品原料的安全与环保，采购的货物必须来自合法和安全的货源，且货物的数量与储备水平一定要与企业的生产和经营规模相适应；第二，生产过程的绿色化，严格遵守《中华人民共和国清洁生产促进法》中对餐饮行业的相关规定，实行清洁工艺生产，集中使用水、电、气，降低能耗，做好污水、废气和垃圾的处理工作，做到达标排放；第三，食品服务环节的绿色化，禁止使用一次性发泡餐具。

2. 绿色服务业的发展对策

（1）大力发展环保产业

要大力推进污染治理设施环保业的发展，建立健全污染治理设施运营的监督管理，实现环境治理设施运营的企业化、市场化、社会化。在环保产业服务领域要杜绝垄断经营现象的存在，引入市场竞争机制，放宽市场准入条件，鼓励环保服务企业之间的优化组合、优胜劣汰。要建立健全环保产业服务体系，包括项目建设、资金流动、咨询服务、人才培训等方面，为环保产业的发展提供综合性、高质量、全方位的服务，逐步提高服务业在环保产业中的比重。

（2）大力发展绿色服务业

一是旅游业。发展生态旅游交流，实行跨地区、跨景点的生态旅游联销经营，积极拓展生态旅游市场，争取创立一批极具影响力的生态旅游精品。生态旅游业有三个方面的作用：经济方面是刺激经济活力、减少贫困；社会方面是为最弱势人群提供就业岗位；环境方面是为保护自然和文化资源提供必要的财力。生态旅游业以旅游促进生态保护，以生态保护促进旅游，它是一项科技含量很高的绿色产业。故首先要科学论证，否则，将造成不可逆转的干扰和破坏；其次，要规划内容，使生态旅游成为人们了解大自然、热爱大自然、保护大自然的大学校。

二是商贸流通业。发展商贸流通业就是要在主要产品集散地，形成大宗生态商品的批发贸易，加强生态产品市场的建设，扩大其经营规模；可以采用连锁直销、物流联运、网上销售等方式，提高生态商贸流通的质量和效益

三是现代服务业。要不断完善涉及生态产品市场的运作与经营，培育和发展生态资本市场，扩大金融保险业的业务领域，促进现代服务业的完善。积极发展地方性金融业，推进证券、信托等非银行金融机构的建设；加快发展会计、审计、法律等中介服务，提高绿色服务业的整体水平。在社区，绿色服务业要重点放在以居民住宅为主的生态化的物业管理上，引导文化、娱乐、培训、体育、保健等产业发展，使社区的服务业自成体系，形成各种生态经营方式并存、服务门类齐全、方便人民生活的高质量、高效益的社区服务体系。

第五章 新时代绿色发展路径之形成 绿色生活方式

第一节　积极倡导绿色消费

绿色消费的兴起有着特定的背景和意义，它是工业社会发展到一定程度，人们更加追求自身健康和生活质量而出现的，它的出现和发展对于人类社会的可持续发展意义重大。

一、绿色消费的背景

绿色消费是社会发展到一定程度而出现的，它的兴起在社会发展进程中有着必然性。

绿色消费为避免使用以下六种产品的消费：①危害消费者和他人健康的商品；②因过度包装、超过商品有效期或过短的生命周期而造成不必要消费的商品；③在生产、使用和丢弃时，造成大量资源消耗的商品；④含有对动物残酷或剥夺而生产的商品；⑤使用出自稀有动物或自然资源的商品；⑥对其他发展中国家有不利影响的商品。

总的来说，绿色消费是伴随着人们的物质财富极大丰富和环境污染、生态危机与资源危机的矛盾日益突出而出现的，是在人们越来越关注人类自身健康，而人类健康又越来越频繁地受环境污染与破坏事件危害的情况下逐渐兴起的。绿色消费理念所包含的保护人体健康、保护环境、节约资源等内涵正是人们在物质条件不断提高的情况下，追求更高生活质量所需要的，符合广大消费者的消费倾向，也是各国在力求突破传统的消费方式下所寻求的一个新的经济增长点，是 21 世纪各国在其经济发展中的必然趋势和潮流。

绿色消费是生态文明建设框架中的一部分，它反映了生态文明的思想。生态文明是人类文明的一种形式，它以尊重和保护生态环境为主旨，以未来人类的可持续发展为着眼点。这种文明形态强调人与自然环境的相互依存、相互促进、和谐共生。生态文明突出生态的重要性，强调尊重和保护环境，强调人类在改造自然的同时必须尊重和爱护自然，而不能随心所欲对自然环境造成破坏，这与我们倡导的绿色消费是一脉相承的。绿色消费的核心在于节约资源、保护环境，它突出了生态文明思想。

二、绿色消费的意义

在绿色浪潮的推动下，绿色消费逐渐成为一种新的消费时尚，发展绿色消费既有利于经济发展，又有利于环境保护和资源节约，有利于人们生活质量的提高，是可持续发展的必然选择，发展绿色消费的意义重大。

（一）绿色消费体现了可持续发展的趋势

可持续发展要求人类社会的发展能够稳定、持续和持久，要求人类、经济、社会和自然和谐相处、平衡发展。可持续发展需要可持续生产与可持续消费做保障，而绿色消费作为可持续消费的一个重要内容，是可持续消费在消费领域的具体深入体现，它的推行自然也能促进可持续发展的实现，所以绿色消费也就体现了世界可持续发展的大趋势。

（二）绿色消费有利于公众环保意识的提高，进而促进生态环境的改善

随着社会经济的发展，人们越来越注重自身的健康和生活质量，在绿色消费这种符合人类消费发展方向的新理念下，会有更多人接受和认可绿色消费观念。随着人们对这种新的消费观念的深入了解，会有越来越多的消费群体进行绿色消费，进而促进公众的环保意识和资源意识的提高。这种意识提高后，会促进绿色行为的实施，在生产中尽量减少对资源的消耗和对环境的破坏，形成良好的生态循环，使生态系统更好地为人类服务，改善和优化我们的生态环境。

（三）绿色消费有利于转变经济发展方式，调整和优化经济结构

绿色代表生命、健康和活力，它包括生命、节能和环保等几个方面。而绿色消费以满足生态需要为基本出发点，以有益健康和环境保护为基本内涵，它不仅包括绿色产品，还包括资源的有效利用、产品和垃圾的回收处理、对生态环境的保护等，可以说涵盖了生产、消费行为的方方面面。绿色消费的本质和内涵决定了绿色消费的发展有利于转变传统的经济发展方式。

绿色消费秉承的是一种可持续发展理念，以"减量化、再利用、资源化"为原则，在消费时注重保护环境、节约资源，促进人类与自然和谐相处，是新型发展方式的具体实现形式。

在绿色消费的引导下，越来越多的消费者表现出对绿色产品的兴趣和需求。在这种绿色浪潮的推动下，相关企业会看到绿色产品的市场前景和吸引力，从而转向生产绿色产品，把生产绿色产品作为企业未来的发展方向和核心竞争力。因此绿色产业的规模得到壮大，绿色环保相关企业会越来越多。绿色消费的发展则带动了绿色产业的发展，将有利于改变产业结构的比重。

（四）绿色消费改变人们的生活方式，有利于人们生活质量的提高

绿色消费追求的是一种合理和适度的消费，绿色消费试图追求"自然、简朴、节俭、可持续"的生活，这种生活以满足人的基本需求为中心，以保护生态环境为宗旨。在绿色消费理念的引导下，人们不再为了追求生活上的舒适而置环境和资源于不顾，而是在追求自身生活舒适的同时，考虑自身行为对周围环境和资源的影响，尽量节约资源和保护周边的生态环境。比如，现在很多人在购买家用电器时，会考虑节能指标，而不是一味地追求豪华；在外出购物时，会抵制一次性用品，自带环保购物袋；更多人采用公交车或环保自行车代替私家车出行……这一系列现象无不说明绿色消费使我们的生活方式发生了巨大变化，使人们的生活方式更加文明、健康，越来越多人主动参与到了以"绿色消费"为特征和主旨的新型生活方式中来，这也是未来发展的一种趋势。

绿色消费在改变我们生活方式的同时也提高了人们的生活质量。绿色消费的内涵决定了所消费的产品要对人类、社会、生态环境的危害尽可能最少，对人们身心健康的帮助尽可能最大，尽可能去保护人们赖以生存的环境。所以，绿色消费对于提升人们的生活质量、生态环境的优化都有很大帮助。

第一，绿色消费通过增强人们的绿色环保意识来提高人们的生活质量。绿色消费能够使人们认识到自身的行为与他人、自然之间的相互关系，从而能够使人们不断反思自己的行为，让人们认识到自身消费行为能够影响大自然，大自然也能反作用于人类。如果人类行为对大自然造成污染和破坏，那么，在必要的时候，大自然也一定会对人类实施"报复"，通过各种事件危害人类的身心健康。如果人类能够认识到人与自然的这种关系，那么就会更积极主动地实施绿色消费，增强环保意识，从而进一步体会到保护环境就是保护

人类自身，这样就能促进人与自然的和谐相处。

第二，绿色消费的实施，使生产、流通、消费过程中的垃圾数量得以减少，同时能够对所产生的垃圾进行回收利用和再处理，从而可以循环使用，有利于资源的节约和循环利用。而且，绿色消费使产品绿色化，企业在生产绿色产品的每一个环节都会更注重环保和安全因素，力求达到绿色产品的安全环保要求，这就提高了消费者在消费过程中的安全因素，减少了使用者的人身安全和财产损失，有利于保护广大消费者的权益，提高人们的生活质量。

（五）绿色消费能促进我国对外贸易的发展，提升国际竞争力

一方面，绿色消费能够使产品生产与消费进行良性循环，减少对环境的污染与破坏，可以限制企业污染性产品的生产，减少国际上的环境污染传递，促进国际贸易走上可持续发展之路，国际社会已经对此达成共识。所以绿色消费有利于我国融入国际贸易发展中去，也是实现世界可持续发展的必要条件。

另一方面，绿色消费能为我国企业创造对外贸易机会，增强企业出口产品的国际竞争力。绿色消费需要绿色产品的提供，要提供绿色产品就会对企业的要求比较高，在产品设计、原材料的选购、产品的生产与包装、产品流通等环节都有比较严格的要求和标准，那些不能达到相关标准的企业所生产出来的污染性产品不符合大众的口味，就只能退出国际市场。

但是对于那些致力于研发绿色技术、生产绿色产品的企业来说，这给他们提供了无限的市场前景和商机。生产绿色产品也带动他们节约开支，增加盈利，增强产品的竞争力，有利于提高绿色产品出口竞争力，能为企业走向国际化打好基础。同时，企业在进行绿色产品的生产时，会加大对绿色技术的研发与创新，因为绿色技术是绿色产品生产的支撑点。

这样企业就会不断提高绿色技术的要求和标准，甚至会采取国际标准评定体系来促进技术的进步，使生产出的绿色产品更加符合人们的需求和国际标准。现在有机食品、绿色食品、环保家具以及环境友好型设备等绿色产品的市场需求在逐步加大，生产这些绿色产品的企业的国际贸易竞争力也随之提升。

同时，绿色消费的发展能使我国跨越发达国家所设置的"绿色壁垒"。概括来讲"绿色壁垒"是指发达国家采取的限制贸易的措施，如制定环境保护措施、法律法规标准等来

限制国外商品的进口。它其实就是发达国家的贸易保护主义，利用其技术上的优势来限制相对不发达国家产品的出口，绿色壁垒也严重阻碍了我国产品的出口。发展绿色技术就能打破我国在国际贸易中处于劣势的僵局，跨越发达国家设置的绿色壁垒，使我国企业的产品能够走向国际市场，增强我国出口产品的国际竞争力。所以只有实施绿色消费，我国才能真正融入当前以绿色消费为主导的国际潮流，才能真正与国际上其他国家进行平等的贸易往来。

三、绿色消费的提倡建议

（一）构建环境友好型的生活方式和消费模式

1. 确立绿色幸福生活观

追求幸福生活是每个人的梦想。然而，不同的幸福观却有不同的生活方式与消费模式。以往人们习惯于把占有丰裕的物质资源理解为幸福生活。也就是说，生活的幸福并不总是与物质的增长呈正相关的。在工业文明的影响下，人们把物质享受等价于生活质量，错误地把幸福感建立在比别人占有更多物质消费的满足感上。今天，以追求生态文明为发展目标之一的中国，必须确立绿色幸福生活观。

2. 确立简约消费观

所谓简约消费观，即通过消耗尽可能少的自然资源来满足我们合理的生活需要，优化生活质量，同时防止生活废弃物导入自然系统。换句话说，就是要在资源消耗少和污染排放少增长、零增长甚至负增长的情况下，促进生活消费质量的正增长，实现生活消费方式从粗放型到集约型的根本性转变。这种简约消费观蕴含着重要的绿色消费理念。

首先，简约消费观是选择一种简约而适度消费的资源节约型消费理念。它以获得基本需求的满足为标准而不是鼓励对物质资源无止境地占有。其次，简约消费观是一种崇尚低碳绿色、以自然为友的环境友好型消费理念。它自觉抵制对环境有负面影响的消费行为，面对社会和大自然，我们应当较少地获取，而较多地给予。懂得尊重自然、呵护自然、回报自然，是一种高尚的环境美德。最后，简约消费观是一种追求低碳循环的可持续消费理念。它要求尽可能地提高资源利用率，践行生活"3R"原则：Reduce（减量化）、Reuse（再利用）和 Recycle（再循环）。

（二）建立可持续的健康生活和消费模式

建立可持续的健康生活和消费模式可从以下四点着手（见图5-1）：

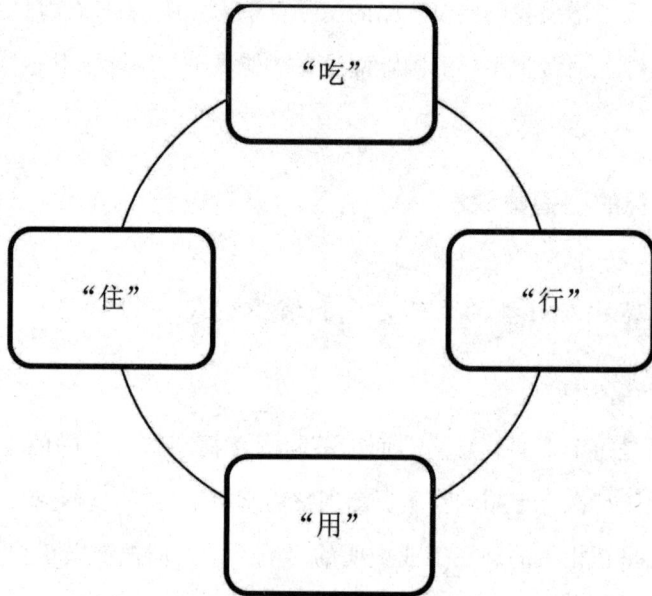

```
              ┌────────┐
              │  "吃"   │
              └────────┘
   ┌────────┐              ┌────────┐
   │  "住"   │              │  "行"   │
   └────────┘              └────────┘
              ┌────────┐
              │  "用"   │
              └────────┘
```

图5-1　可持续的健康生活和消费模式

1. 推进"吃"的绿色转向

近年来，中央电视台播出的《舌尖上的中国》轰动海内外，悠久的中国饮食文化再度引发了人们的关注和深层思考。历史上的中国曾长期处于农业文明时代，老百姓的饮食生活大多满足于植物性产品的消费。随着工业文明传入中国，国人的饮食结构发生了倒金字塔式的急剧变化，餐桌上动物性食品的消费量大大增加，传统的植物性食品需求量明显减少。无论猪、牛、羊都是要以几倍的植物量才能换得一定的动物量。而且，在肉类的生产和加工中，要消耗更多的能量和物质，产生更多的污染排放。因此，我们的饮食结构应该以植物性产品为基础，并以白肉类动物性食品为适度补充。这是一种简约而又丰裕的饮食结构，是有益人类健康的环境"友好"型的绿色饮食。

2. 推进"住"的绿色转向

改革开放以来，随着城市化的快速推进和家庭可支配性收入的提高，我国居民对居住的需求发生了巨大变化。一是对居住面积的要求是越来越大。二是对住房内环境样式的追求是越来越个性化，城市住房很多是以毛坯房样式销售，然后由住房所有者加以个性化装修，结果带来了一些问题。绿色居住不是以大为美，也不是以奢华为品位，而恰恰是以小为美，以简约为美，以精致为美。

3. 推进"行"的绿色转向

要解决我国城乡的交通问题，不能立足于私家小汽车，而应当大力发展各类城乡公共交通和公共自行车，鼓励居民绿色出行。这是世界各国"行"的绿色转向的大趋势。

4. 推进"用"的绿色转向

过度消费和用过即扔的"享用"方式，不应该成为我国经济繁荣和生活幸福的表征。"用"的绿色化要求抵制物品的过度包装，反对滥用一次性物品，提高物品的使用效率，谨防在提倡"新即好"的流行时尚后面带来的潜在生态损害。另外，在家庭日常生活中积极推行低碳生活方式，比如居住生活空间的多层次立体绿化，既可以吸收二氧化碳，保持清洁环境，也可以调节身心，增加生活乐趣；双面利用纸张，可以更好地保护森林；随身携带购物袋，可减少对塑料袋的利用，也是身边切实可行的节能环保形式；减少一次性牙刷、一次性水杯等一次性产品的需求，节约用电、用水等，均是履行节能减排责任的绿色选择。

总之，反对过度消费的生活方式，倡导简约绿色的生活方式，是我国绿色发展的重要内容，也是顺应人民心愿，维护满足当代人与后代人同等发展需要，努力追求和谐、幸福和公平、公正的目标要求。绿色生活与绿色消费是我国顺应时代做出的生态理性选择，也是中国通向未来生态文明时空必经的绿色通道。倡导拥抱绿色生活，自觉追求绿色消费，是绿色发展的深切呼唤

（三）追求绿色生活方式和消费模式的本真意义

简要来说，绿色生活方式就是绿色、低碳、循环、简约、可持续的生活方式。所谓绿色消费模式，是指从消费观念、消费行为、消费结果等方面无害或较少影响生态环境的消费模式，或者说是一种全程无污染、无破坏或少污染、少破坏的环境友好型的消费模式，一般来说有狭义与广义之分。狭义的绿色消费，主要指的是生活中对绿色产品的消费。广义的绿色消费是指当代人既能满足自身的健康生活需要，又不损害后代获取满足至少同等健康生活的需要，同时也不损害生态环境的自我修复能力和生态承载力的消费。

人类的生活是一个充满意义的生活世界。然而，过度的物质追求却正把人类带入一个无方向感、无意义感的空无世界。绿色生活与绿色消费将使人重返生活，回归意义，真正实现人们所希望的安全、健康和幸福的本真生活。

1. 提升居民的健康幸福指数

人的快乐是内心的一种愉悦状态，这种愉悦可能来自这样几个方面：一是因为欲望的满足而至；二是因为功利的满足而至；三是因为道义的满足而至；四是因为审美带来的满足而至。欲望的愉悦很容易瞬时满足但又不断产生。功利的愉悦则难以真正满足，并在暂时满足之时刺激更多的功利之求。道义的愉悦与审美的愉悦，却会积淀涵养并升华为美好的境界。绿色生活和绿色消费的快乐不仅是主体内心的愉悦体验，更是社会所能赋予人们的快乐之源，而这种整体性、持久性的主体愉悦与环境支撑相统一的社会心理状态，就是我们理解的幸福。追求并获得这样的快乐与幸福，我们还任重道远。目前，我们的当务之急是必须努力排除种种障碍，提升居民的绿色幸福指数。

重建绿色社会的自然生态与社会环境必须设法从诸如食品安全、住宅安全、医疗安全、交通安全，生态安全，以及其他生活安全等普遍性困扰中解脱出来。只有这样，我们才能进而理所当然地建设好"绿色生活"，而这种安全应当是全社会的、普遍而持久的安全，而不是片面性、局部性、暂时性、象征性的。这一重建"绿色生活"自然生态与社会环境的过程，既需要道德的支撑，更需要法律的保障。

构建绿色社会的人文生态与精神环境。这是绿色社会的灵魂所在与价值所在。因此，我们还须努力从各种挤压中解脱出来，这样才能真正如愿以偿地创造我们的"绿色生活"。

2. 促进人与自然和合共生

绿色生活和绿色消费给人们提供了一个可量化的、力所能及的环保行动范例。虽然人类所有的环保观念和行动必然不可能脱离自己的主观立场去理解和保护天地万物，然而，人类对自己所造成的不良灾难后果必须承担相应的责任，即使这种后果通过技术的力量已经达到了人类难以彻底挽救的地步。工业革命以来，人类成为自己贪欲的奴隶，同时也成为技术的奴隶，贪欲与技术的结合彻底改变了人类对待天地万物的看法和行动。这种结合就像一台硕大无比的挖掘机把天地万物挖得千疮百孔，即便这天地万物原本是生养自己的母体。

倡导绿色发展和生态文明建设，强调绿色生活和绿色消费，不仅仅是防止人对自然的污染，同时也应包括预防人对自己心灵的污染。在工业革命之前，因为技术只是原初的技术，不是科学技术，因而其改变自然的力量是极其有限的，人类对自然环境没有形成实质性的伤害，同时，自文艺复兴以来，人与自己的普遍的实体性分离，人的自然性成为近现代人的基本规定，其实质是人的生物性（欲望、本能）成为人的思考出发点，在工业革命时期，科学技术与人的恶的自然性相结合，既对自然环境造成了巨大的伤害，也给人类的心灵造成了巨大的污染，而且自然的污染和心灵的污染相互影响、相互增强。

所以，理性的人类应回到人的本真状态，即真、善、美的统一状态，回到人与自然和合共生的自然而然的状态。生态危机本质上是人类文化和心灵的危机，因此，自然环境问题与人类心灵问题必须同步治理，而且文化与心灵的拯救才是克服生态危机的治本之策。

绿色生活和绿色消费就是这样一种自我补救行动。绿色生活与绿色消费的养成，意味着人类开始努力与天地万物和谐共处，超越个人私利和当代人的眼前利益，代之以天人和合、人际和谐的生态文明观。这是中国传统生态意识的自我觉醒，它将促进当代国人乃至全人类心灵创伤的愈合。也就是说，绿色生活与绿色消费不仅仅是表层生活的绿化，本质上更是我们生活主体的心灵绿化，是对贪婪的物质欲望的自我限制和对生活意义的自觉追求。倡导绿色生活与绿色消费，是促进人与自然回归和合、走向可持续共荣的绿色路径的拓展。

3. 推进社会绿色发展与可持续发展

我国推进绿色发展，目的就是要让中国的发展与环境退化脱钩，在更高水平与更高境界上，实现人民安康幸福生活的可持续发展。社会的可持续发展，是我们推进绿色发展与生态文明的目标所在。

可持续发展作为绿色发展观的题中应有之义，强调坚持生产发展、生活富裕、生态良好的文明发展道路，建设资源节约型、环境友好型社会。实现速度与质量效益相统一，经济发展与人口资源环境相协调，使人民在良好的生态环境中生产生活，实现经济社会永续发展。这充分表明，绿色发展也就是低碳发展、节约发展、清洁发展、循环发展、安全发展、和谐发展、可持续发展；而绿色生活与绿色消费作为绿色发展的重要内容，就是在社会生产、生活消费活动中，降低能耗、物耗，减少环境负效应，走经济社会协调发展、人与自然和谐发展、绿色社会可持续发展的生态化道路。

绿色发展与可持续发展的重要核心内容是人的可持续发展，强调"以人为本"的绿色发展观。"以人为本"就是把满足人的合理需要和促进人的全面发展作为经济社会发展的出发点和落脚点，围绕人的生存、享受和发展需求，提供充足的绿色物质产品与绿色文化产品以及生态服务。提倡绿色生活，就是既要千方百计地满足广大人民群众的物质文化需要，创造人人平等发展、充分发挥聪明才智的社会环境，又要合理安排适度的生存消费、发展消费和享受消费的比重，力求保证生存消费，鼓励发展消费，适当享受消费，使绿色消费成为人们不断提高素质的过程，成为自觉抵制不良习气和腐朽思想、树立良好社会风尚的过程，成为提升人的精神境界、促进人的全面发展和社会进步的过程。绿色生活充分体现了绿色发展观的内容，因而是推进社会绿色发展的本质要求。

4. 助力生态文明建设

绿色发展提出绿色生活与绿色消费的转向，应该是我们追求美好生活和基本现代化生活的具体体现。基本实现现代化的目标，应同我们追求绿色生活的阶段性目标相关联、相适应、相协调、相促进。对绿色生活的追求，将充实完善我国的教育内涵，促进人才的培养，引导社会主义核心价值观的教育和普及，推动绿色世界观和绿色发展观的建立。对绿色生活的追求，将推动我国的绿色法治建设，有利于社会全面、和谐、可持续地发展，并推动新一轮经济、政治、法律、文化、技术、教育模式的生态创新。

绿色生活的取向将丰富中国的绿色发展观，改变人民对当代生活的诉求方向，从源头上影响人们对绿色生产、绿色发展、绿色未来的认识。它还将丰富人们对现代化生活内涵的认识，拓展对生态价值、社会环境公德、地球的生态责任、人生修养绿色化的认识，把千千万万民众对生活质量的追求与对环境保护和生产方式的绿色转型结合起来，把生活方式的生态化进步与生产方式的绿色转变结合起来。

绿色生活将引领新一代科技创新，刺激环保新技术、新能源的产生与应用，使中国人民真正提高生活质量，更和谐、更健康、更长寿和更幸福地生活。绿色生活和绿色消费应该成为绿色中国展示新形象的最生动的画面，成为中国向世界宣示保护环境、节约资源最诚信的绿色承诺，成为21世纪与国际社会交流对话的最有说服力的新表达。

绿色生活与绿色消费，需要教育，需要宣传，需要经济的健康发展，需要道德和法律的支撑，需要我们千千万万人身体力行，特别需要先进群体和环保榜样人物起示范先导作用。绿色生活，关乎环境，关乎生命，关乎地球，关乎未来。要使保护环境的责任走向生态自觉，必须通过每个人自觉践行绿色生活，自觉追求绿色消费，这样全社会才能共建共享生态文明。

（四）绿色生活方式的引导

绿色生活方式需要政府在全社会加以正确引导，形成一个具有绿色、健康、幸福的生活价值观，人人自觉践行、秩序良好、人与万物和合共生、人与自然和谐发展的生态化生活与绿色化消费的良好社会氛围。

1. 坚持"以人为本"的价值导向，以幸福指数提升为目标

思想走在行动之前。在生活活动中，人们所持有的世界观、人生观、价值观和生活观等主观因素，会对人们选择生活方式产生重要作用，并集中地通过生活观念、生活态度表现出来。如果物质财富成为人类崇拜的上帝，意识形态成为人类的禁锢，科学技术成为束缚自身的枷锁……总之，如果人类不能逃脱在对象化活动中被异化、物化的悲惨命运，人类的生存就会变得毫无意义，也就没有什么幸福可言。

要坚持以人为本的价值导向，自觉地摈弃西方工业文明倡导的物质主义和感官享乐主义的价值观与幸福观，在全社会实施"以人为本"和"幸福生活"的价值理念的渗透式教育，用社会主义核心价值观净化社会消费风气，以科学的消费理论武装人，以正确的消费舆论引导人，树立科学化、健康化和绿色化的消费观念。大力提倡道德消费和绿色消费，为全社会提供科学合理的消费观念引导和价值牵引。进一步营造靠近自然、靠近道德、靠近生命的消费环境，进而使人民明白物质消费并不就是幸福本身，它只是人的幸福体验的一个重要载体，真正的幸福应该是以满足人民日益增长的合理、健康、绿色的物质文化需要为出发点，以人的全面发展和幸福生活指数提升为落脚点。政府要以高度的责任感引导绿色生活，促进个体生命的身心健康，丰富生活情趣，提升精神追求，把实现人的自由和全面发展、幸福生活的可持续发展作为绿色生产方式和生活方式的最高价值追求。

"以人为本，生活幸福"，既是国际社会的共识，也是联合国衡量人类发展指数的重要指标。中国的绿色发展理念坚持"全球化思考，地方化行动"，主动积极履行政府对绿色生活的引导责任。

2. 开展绿色消费宣传教育，建设绿色生活文化

依靠新闻媒体的社会影响力，加大绿色生活文化的宣传力度，力求让每个人都具有资源忧患意识和节俭意识，从希望自己的健康"不受环境污染"威胁的自我保护，上升到自己的消费"不要污染环境"的社会消费文明的高度，从"不要把垃圾放在我的家园"的环境正义呼唤，到"不把垃圾放在任何人的家园"的环境正义行动，自觉养成"节俭光荣、浪费可耻、环保有责"的社会风气。同时广泛开展绿色消费知识教育，并将其贯穿到各种文化建设中去。所谓绿色消费知识教育，是针对消费者所进行的一种有目的、有计划、有组织的，以传播科学消费知识、倡导绿色消费观念、提高科学消费素质为主要内容的社会教育活动。其不仅在于使人民具有绿色生活的知识、经验和能力，自主建构健康和谐的生活方式，更着眼于培育生活方式的绿色文化基础。

通过宣传教育，激发公众在生态意识上的自省和行动上的自律，也就是生态自觉。生态文明建设必须走以生态自觉为内涵的道路，由于公众生态意识的形成具有滞后性和离散性，且受制于经济、社会发展等各种因素，而这些又决定了公众生态意识的培育不可能靠个体自发形成，只能通过有组织、有意识的培育来促进公众生态意识的觉醒和整体水平的提高。

依托系统化教育，培养良好的绿色生活素养。学校绿色教育是培育绿色生活方式的重要渠道。基础教育应着力培养学生的绿色教养与绿色生活习惯，如德国提倡小学生每天写一篇生态日记；高职和高等教育应着力培养学生全方位的生态科学知识理论、生态哲学、生态伦理学、生态法学等系统理论素养，以及绿色生活与消费的自觉选择能力，同时，公众生态意识的觉醒和生态行为的养成是一个长期和艰巨的过程，因此，需要将绿色生活与绿色消费教育纳入全民教育体系中，使之成为全民教育、终身教育的一个重要内容。只有当每一个社会成员都具有绿色生活的内在需要与自觉追求，绿色生活方式和绿色消费的理念才有可能切实转化为现实的绿色行动。

3. 营造绿色生活环境，打造绿色生活平台

国家出台相关绿色政策的需要，体现在产业政策的整个社会运营方面。比如，为了实现垃圾减量化，需要在产品的源头上以绿色政策引导，如限制过度包装等。还要引导垃圾分类，建立健全有效的垃圾分类体系，实现城市生活垃圾的减量化、资源化和循环利用。政府应通过宣传教育正确引导公众参与，既要使居民明白生活垃圾应该分类，也要使居民清楚为什么做和如何做，不断增强居民的环保意识和生态责任。要动员最广泛的社会力量，积极行动起来，共同为推进最佳宜居城市、美丽村镇和生态文明建设而努力。要加强对市民绿色出行、低碳出行的宣传教育，加大对全社会机动车尾气污染防治知识的普及力度，从而引导居民主动积极地承担大气污染防治的社会责任。

选择优先发展效率高、能耗低、运输竞争力强的公共交通，是实现城市交通可持续发展的必然要求，也是实现城市可持续发展的重要基础。因此，"加快实施公交优先战略"应成为助推绿色生活方式的重要路径。

拓展循环经济路径。政府及有关部门应抓住"消耗最少资源"和"实现最少排放"两个环节，在农业、工业、服务业各领域全面推进循环经济，特别是要加快培育以餐厨垃圾、电子废弃物、城市生活垃圾等回收和综合利用为主体的静脉产业链，推进垃圾无害化处理。各级政府及有关部门应加大政策支持力度，尽快制订实施再生资源行业规划，加快

社区再生资源回收的布点建设，推进垃圾减量化、无害化和资源化处理，实现节能减排和资源节约。

4. 示范引领绿色生活，推进绿色生活运动

为营造氛围，建立健全社会化参与机制，各级政府和社会组织应积极开展各种形式的绿色活动，如开展"爱鸟周""植树节""保护母亲河"等活动；在植树节国际湿地日等重要生态纪念日深入开展环境宣传教育；创办各类绿色文化节和绿色产业发展高峰论坛等活动；同时启动"绿化庭院、美化家园"绿色行动，动员各方力量共同参与绿化建设，营造良好的社会氛围，凝聚推进绿色发展的合力。

政府要通过引导和支持让民间的绿色生活团体和机构迅速发展起来，培育绿色示范，通过1%的人群的绿色生活的率先引领，对其他生活主体发挥直接或间接的积极示范效应，以有机整体性的思维，坚持绿色生活运动的城乡一体化建设原则，积极传播、动员、组织、示范和推广绿色生活方式的知识、经验和技术，唤起人们的可持续发展意识，培养和提高其绿色生活的能力，从而使既定的生活风俗习惯渐趋于绿化。

第二节　构建绿色化生活方式

随着社会物质生活水平的提高，人们生活中因过度消费所带来的环境难题不断增多。倡导转型生活方式，重塑和拥抱绿色生活方式，成为当下生态文明建设的必然而又紧迫的选择。人类最初生活的底色本是绿色的，是与大自然和合共生的。然而，无序、无度、无限的物质主义生活的追求却让人类陷入了一场前所未有的生存危机之中。大自然以生态危机的方式向人类敲响了警钟。朝向绿色航标迅速拨正消费生活之舟的航向，成为生态文明的急切呼唤。绿色生活与消费是生态文明的新要求，它鼓励政治家们去承担人类可持续发展的绿色责任；绿色生活与消费是人类生存方式的新潮流，它引导企业界去发展绿色技术和绿色产品；绿色生活与消费是家庭生活的新时尚，它体现一个家庭生活的环境友好度；绿色生活与消费是生态公民的新追求，它反映个体生活的文明度和幸福度。当代生活与消费方式的绿化程度，标志着一个民族和国家生态文明的参与度以及未来社会的光明度。

绿色生活方式愿景提出的预期性指标和产业发展、资源利用等目标，需要依靠政府、企业、公众共同努力来实现。激发全社会建设绿色社会的意识，充分发挥各级政府、社会

各界的积极性、主动性和创造性，尊重基层首创精神，汇聚人民群众的力量和智慧，形成全体人民群策群力、共建共享的生动局面。

政府为绿色社会创造良好环境和氛围。企业实现零排放生产，绿色办公，承担更多的生态建设的责任。实现新能源使用进家庭，有条件的城乡居民住宅安装双能源供电系统，太阳能供电实现小型化，成为家庭供电的重要组成部分；生活用水及城市绿化清洁用水循环技术广泛应用；建立家庭雨水收集系统，用于清洁和绿化用水；城市排水系统实现雨污分离，将雨水储存用于消防和绿化等公共事业用水，将污水经处理后再排放或再利用；公共环境用电基本实现绿色化，公共照明、交通等日常设施新能源使用率达到80%。

一、能源消耗及污染物排放大幅降低

实施全民节能计划，全面推进工业、农业、服务业等领域节能，实施锅炉、照明、电机系统升级改造及余热暖民等重点工程。开发、推广节能技术和产品，对新技术实行示范推广。建立能源管理体系、计量体系和能耗在线监测系统，开展能源评审和绩效评价。实施建筑能效提升和绿色建筑全产业链发展计划。实行节能低碳电力调度。实行能源综合梯级利用、循环利用。全社会能源消费总量控制在50亿吨标准煤以内。

实行严格的水资源管理制度，实施全民节水计划。坚持以水定产、以水定城，对水资源短缺地区实行更严格的产业准入、取用水定额控制。逐步完成农业、工业、城镇节水改造，扎实推进农业综合水价改革，开展节水综合改造示范。实施重点用水单位监管，鼓励一水多用、优水优用、分质利用。建立水效标识制度，推广节水技术和产品。加快非常规水资源利用，实施雨洪资源利用、再生水利用等工程。

二、节约的生活方式的基本形成

（一）全民节约的生活方式的基本形成

全民节约的生活方式主要体现在：①个人汽车使用量降低，公共交通和自行车成为主流；②公众形成购买绿色产品的习惯；③不可降解塑料袋、一次性餐具逐渐被淘汰；④全民的垃圾分类意识明确，可回收、不可回收产品，有毒废弃物都能合理处置；⑤节约使用水电，随手关灯，随手关水。通过近10年对青少年的生态环境意识培养，当年轻一代成为社会的主流消费群时，他们便形成了节约的生活理念。

（二）智慧的城市

在智慧民生、智慧产业的基础上积极探索实践发展智慧城市。加强政府顶层设计，整合行业资源，从资源层面打破智慧城市建设的行政分割、管理分制的局面，建立统一的信息化架构标准，实现跨系统技术集成与信息共享。初步实现数字城管、数字安检、智慧社区、市民一卡通等多种智慧城市应用项目。

在政府的指导和监管下，企业制定循环利用原则及措施，从生产源头上减少排放物和垃圾数量，缓解城市垃圾处理压力。

（三）低碳的城市生活

碳排放表示个人或者企业的"碳耗用量"，是指个人或企业的能源意识和行为对自然界产生的影响。每个人或企业都拥有一份碳排放账单。从企业的生产制造过程或个人衣食住行等方面统计消费者的碳排放量。如，购买的衣服产生的二氧化碳量，食物生产和加工产生的二氧化碳量，居住所消耗的水电气等能源生产所产生的二氧化碳量，乘坐汽车、火车、飞机产生的二氧化碳量，生成个人的碳排放账单。碳抵消是通过投资于碳减排项目或进行减少碳排放的活动来平衡这些排放的一种机制。企业和个人每天都在不断进行碳排放，为企业和个人提供碳排放账单，树立碳抵消意识，可以帮助企业及个人的行为和生活方式往绿色健康的方向发展，同时也能有效地减少空气中的温室气体含量。如企业通过投资使用可再生能源，加强资源循环利用，减少"三废"排放或实现零排放，倡导和支持绿色公益事业等方式抵消生产制造过程中产生的碳排放量；个人通过废旧物品再利用、步行或自行车出行、参加植树活动、参加环保公益活动、减少食物浪费等活动，抵消碳排放量。到 2025 年，企业和个人将碳排放账单实现收支平衡视为一项基本义务。

三、营造优美的绿色生活环境

公共环境是市民生活、交流的场所，是宜居城市的重要组成部分，是宜居生活的窗口。通过政府、企事业单位、社会团体以及个人的全方位参与，经过持续的建设与打造，城市环境绿色规划、文化及便民设施，公共环境品质在初步实现的绿色生活社会中得到全面提升。宜居城市、宜居社区、宜居街道全面建成。城市实现了生活环境的绿色化，绿色生活方式大幅度提升了市民的幸福指数。

（一）公共环境

1. 合理的环境规划

重点实施了大气、水、土壤污染的防治行动计划，以及山、水、林、田、湖的生态保护和修复工程。同步实施了大规模的退耕还林、国土绿化、天然林保护、蓝色海湾整治行动。

2. 宜居的城市社区

依托宜居城市的具体指标，包括生态环境健康指数、城市安全、生活便利、生活舒适、经济富裕、社会文明、城市美誉度的基本要求，具体建设改善社区服务、卫生服务、文化活动场所、体育锻炼场所、残疾人康复、老年社区养护、中小学、菜市场、垃圾转运站等社区内容，将公共环境的总体保障与提升作为重要基础，构建新的绿色宜居城市社区体系、强化社区活跃度，社区服务形成功能多样化、方式多元化、服务品质化。

建筑结构具有更高的安全性，抗灾防灾能力得到强化，住房建造耗材也更为环保，周边条件更加优越，人性化的综合服务设施完备，实现了体验式、智能化的住宅服务与管理。例如用面部、指纹、声音开启房门、避免了钥匙丢失、门反锁等意外情况；突发预警设施信息追踪，例如发生失火、漏水以及家庭成员突发疾病等状况，计算机能够主动利用网络以及其他通信设施和业主及有关单位取得联系；住宅的自动化设施系统能够实时管控建筑整体区域，可根据用户的不同需求对室内的光照、空气、温度、湿度进行调节。利用建筑周边设置清洁能源平台，半数以上居住小区实现风能、太阳能、地暖等自然能源的转化利用。

3. 完备的公共设施

公共设施如卫生间、停车场、售卖亭、信息亭、金融服务亭、休闲家具、公共饮水设施、旧物回收设施及垃圾箱的配置遵照人流及地区人口密度的科学配置设计要求，合理布局。所有公共设施实现配套的无障碍化系统设计，无障碍标识规范齐全，残障人士能够顺畅出行。

4. 历史文化遗产保护与发展

构建历史传统文化保护体系，修订《中华人民共和国文物保护法》《历史文化名城保护规划规范》《非物质文化遗产保护条例》《中国文物古迹保护准则》等相关法律法规。推动历史文化遗产保护工作的法治化、规范化开展。通过运用科技手段，细化历史文化遗产的普查登记工作。政府加强对历史文化遗产的保护资金投入。扶持重点项目，开设专项资金，维护资金得到保障与落实，使保护对象明确、保护范围扩大、保护手段科学绿色化。专业技术人员的参与和大众认知的提高对保护工作的顺利开展起到积极作用。对历史文化遗产的保护与合理开发，延续了地方的历史文脉，各地陆续打造出具有当地文化特色的文创产品品牌，成为地方对外交流展示的文化窗口，激活了区域旅游经济的发展，推动了地域文化的可持续并促进了城市文化经济的发展。

（二）城乡防灾抗灾安全体系得到进一步强化

1. 积极落实政府作为

政府制定的防灾抗灾措施被进一步强化，管理分工明确，责任到位，政府加大了对自然保护和生态系统恢复的资金投入。根据《国家适应气候变化战略》，国家发展改革委、住房和城乡建设部会同有关部门制订了《城市适应气候变化行动方案》。根据方案，到2030年，适应气候变化科学知识广泛普及，城市应对内涝、干旱缺水、高温热浪、强风、冰冻灾害等问题的能力明显增强，城市适应气候变化的能力全面提升。

2. 全面开展防灾工作

防灾宣传教育常态化，防灾知识全面普及，市民防灾意识加强，民众和社会防灾抗灾能力得到提高。灾害预测、预报水平提高，防灾工程建设完备。到2025年，大中城市和经济发达地区的防震减灾能力达到发达国家水平。

3. 完善预警救灾系统

救灾应急管理体制已经完善、救灾应急综合协调机制反应灵敏、协调有序。救灾应急预案系统覆盖各级政府和城乡社区；灾情管理系统健全规范；救灾物资储备布局合理、品种齐全、数量充足、管理规范；科技救灾得到广泛应用，并建立多种形式的救灾应急队伍，形成部门项目协调、结合军警部队及全社会群众共同参与的救灾应急工作格局，救灾应急工作的整体水平实现全面提升。

四、完善的医疗健康保障系统

医疗健康与保障系统是保证社会和谐的重要内容，也是绿色生活方式的基本保障之一。有关机构以解决医疗拥堵、医疗流程重复、信息的局限性等大众普遍关注的问题为导向，通过对医疗体系的深入改革，健全完善医疗健康保障系统。

（一）完善健全医疗法律规章制度

医疗机制更趋完善，企事业单位对所属人员的身体健康担负有一定的法律职责。国家出台及修订了如《医疗事故处理条例》《医疗机构药事管理规定》《中华人民共和国执业医师法》《处方管理办法》等法律法规，政府机关及企事业单位建立了人员健康保障制度，全国医疗保险制度得以全面实施，国民的身体健康有了制度保障，为疾病预防及治疗提供了相应的法律支撑。以健康为目标的企事业工作人员、市民、村民、老人、儿童、伤残人员的防病治病制度被纳入新的法律保障系统，医疗保险实现全民覆盖。政府、医疗单位、企事业单位的所属人员在疾病防治中的职责、义务、权益有了明确的规定，并且问责渠道畅通有效。

（二）疾病预防体系得到强化

通过全面普及健康教育，民众普遍拥有了较高的疾病预防、自诊能力，可以合理地选择诊疗方式，不盲目就医。民众健康防病意识得到强化，非传染性慢性病情数目呈现逐步下降的趋势。政府出台并且定期修订《疫苗流通和预防接种管理条例》《新生儿疾病筛查管理办法》等疾病预防条例；通过措施保证疫苗使用安全；加强了婚前、孕前健康检查，降低了出生缺陷和发育障碍致残率。中国传统医学及民族医学得到推广，中医医院及机构基础设施条件得到提升和完善，中医理论研究工作得到加强，研究成果用于指导临床治疗；中西医交流频繁，形成了优势互补，中医学人才培养工作得到强化，中药民族药标准化行动计划得到实施。中医学健康保健服务发展迅速，强调对健康状态的整体保健，突出"治未病"的理念，通过对传统医学治疗方式的梳理、总结、提升、临床疗效确切，养生保健作用突出、主要包括中医药养生、保健、医疗、康复，涉及健康养老、中医学文化、健康旅游等相关服务。我国独具特色的医疗健康服务资源得到了更好的应用。

（三）建立和推行医疗分级制度

以社区基层医疗单位为主体的医疗服务体系，成为大众医疗服务的基础力量；医生以及相关人员分布在街道、社区开设的医疗诊所。这种医疗健康机构被称为普通民众身边的定点"专属"医院。各层次的医疗机构服务畅通，小病以及常规病在社区医院就能够获得很好的诊治。大病以及重病通过社区医院的推荐，进入设施较为齐全的上一级医院（区县医院）就诊，疑难重症再转院至三甲医院进行会诊治疗。医疗资源因此得到更为合理的优化配置，体系化的分级运作方式，使大医院的医疗拥堵、医疗资源配置不合理等问题得到了有效缓解。

（四）一站式便捷医疗

通过大数据及云平台等技术的运用，构建功能高度集成的医疗信息互联管理系统，医院"信息孤岛"得以打破，并使诊前、诊中、诊后的核心诊疗操作流程的各个环节高效精准运作。

患者就诊前可使用终端设备及在线平台实现在家的自我检测，在线医疗服务机构/人员通过大数据及云平台互联网对患者进行初步健康分析，向患者推荐诊疗手段，如网络医药电商购药，或是通过远程选择医疗机构并预约服务，进行网络挂排号；诊中的线上线下互联的医疗诊断、医疗缴费、处方购药、治疗康复数据的收集与监控；诊后的生成电子病历库、医疗回访、健康持续跟踪等都在此一体化系统中，实现衔接精准的便捷就医模式，搭建透明畅通的医患沟通桥梁，医疗通道拥堵、医患关系矛盾、医疗资源配置失衡等问题得到了有效解决。

五、多种形式的养老助残措施

（一）完善养老助残救护制度

全面建成以居家为基础、以社区为依托、以机构为支撑的，功能完善、规模适度、覆盖城乡的养老服务体系。同时，制定无障碍环境建设条例、残疾预防和残疾人康复条例。政府、企事业单位、家庭及个人的养老助残职责明确，实施工作可以得到有效落实，保障老年人及残障人士的基本权益。

（二）养老助残服务向专业化方向发展

针对养老助残服务，部分院校成立专业性的学术探讨并作用于实践活动中。一方面，择取相关专业的毕业生扩充至各服务平台，使社区养老助残服务方面的整体实力得到提高。另一方面，委托相关院校或机构对养老助残服务人员进行服务技巧培训；政府职能单位拟定老年服务方面的资质标准，并对服务机构实行准入机制。这些措施促进了服务机构品质的提升，保障了社区养老助残服务的规范化发展。

（三）养老助残机构与设施健全

政府采用财政补贴的方式，鼓励、支持养老企业和社会组织开展社区养老助残服务机构的规模化、品牌化、连锁化建设。推进无障碍环境建设，政府机关、公共服务、公共交通、社区等场所、设施的无障碍改造，新（改、扩）建道路、建筑物和居住区严格执行国家无障碍设计规范，从而为老年人及残疾人提供更便捷、便利的生活环境。

（四）倡导全民健身，体育设施配套完善

各级城乡政府结合本地发展统筹规划，建设完成与当地经济发展水平相适应的布局布点合理的体育基础设施。在全民健身宣传活动方面，推行广泛深入的全民健身宣传工作，各级各类媒体开辟专题专栏，健身知识全民普及。城乡各级政府体育主管部门定期举办丰富多样的全国性群众体育比赛活动。

六、和谐的社会环境，和睦的人际关系

（一）完善国民文明素质的行为准则

民众文明素养的活动原则健全。精神文明组建部分被纳入法制进程，城乡居民文明条例、学生守则等社会规范修订完善、对不文明行为做出法律规定与惩处，违章的惩处强度提升；建立媒体曝光及民众举报等社会监督平台，有效降低不文明行为的发生数量；道德模范评选表彰和宣传学习扎实开展，实施"诚信社会""诚信中国"建设以及节俭养德全民行动，促使民众文明素养得以不断提升。

（二）社会差距逐步缩小，弱势群体得到人文关怀

地区发展、贫富差距逐渐缩小，形成合理有序的收入分配格局，人均可支配财产增加，社会就业较为充分，覆盖全体人民的社会保障体系基本建立，通过劳动力市场和社会保障制度帮助劳动力资源得到灵活配置，实现社会的"弹性安全"。

除了普通民众之间互帮互助、和睦友善，弱势群体同样得到关心与重视。社会开展多种帮扶弱势人员的活动，比如"一帮一"的互助行为等，让弱势群体获得较多的交流及参

与机会，在参加活动中得到认同与成就感，营造良好的社会帮扶氛围，推动社会和谐健康发展。

（三）道德教育的推行与媒体推广

把道德教育纳入学校教育和国民教育之中，各级各类学校开设道德课程，通过教材编写和教学实践，促进道德价值观念和行为规范上达成全民共识，形成从上至下、系统完整的道德规范标准。实现小到民众与民众之间，大到民众和社会之间的尊敬与坦诚，全社会共同推动和谐社会的构建。

运用移动资讯、互联网以及报纸、杂志等媒介，培养及塑造典型案例，通过家庭、院校、部门、机构渠道等，长时间、深层次地广泛传播，民众文明素养培育的观念得到增强，道德评测水准以及辨识能力也获得了提升。依赖民众自律及舆论的督查，社会得以文明健康地发展。

（四）社区睦邻友好的文化氛围与沟通平台

社区文化作为社区民众生活的意识型产物，也是和谐社区的实质。社区文化的宣传与落实，构建了邻里互相帮助、互相宽容扶持和社会民众间联系紧密、睦邻友好的文化氛围。

社区有计划地组织和开展各项活动，建立社区民众间互相交流的平台。例如开展社区睦邻活动、志愿服务、互相扶持、社区运动会及各种比赛类活动，社区民众参与积极性提高，日常生活品质获得提升，丰富了社区民众文化方面的需求。建立邻里间的友好桥梁，消除邻里隔阂，社区聚集力以及民众认同感提升，从而构建文明和睦的邻里关系。

对未来的美好憧憬能够让我们进一步明确绿色生活的目标，坚定团结奋斗的信心，凝聚广大民众的力量，谋划具体行动的路线，落实政策法规的保障，健全有效督促的机制。绿色生活方式的形成需要一个过程，需要在实践中以实事求是的态度不断总结、纠偏，适时制定和颁布适合实际情况需要的规章制度，促进绿色生活方式的早日到来和绿色发展的深入推进。

(1) 环境资源绿色化：优化资源，节能减排，循环利用，杜绝奢靡。

(2) 生产生活绿色化：绿色生产，绿色消费，倡导共享，服务经济。

(3) 科技教育绿色化：问题导向，持续创新，科技进家，教育保障。

（4）社会文明绿色化：文明诚信，公德公知，谦谦礼让，自省自律。

（5）健康保障绿色化：老有所养，弱有相助，强身健体，防灾御病。

（6）文化传承绿色化：人文积淀，挖掘精髓，民族智慧，继承发扬。

七、培育绿色自觉的社会风尚

一枝独秀不是春，百花齐放春满园。只有在全社会形成绿色的社会新风尚，生活方式与消费模式的绿色转型才能真正实现，绿色发展才能顺利推进，中华民族也才能真正复兴于生态文明新时代。因此，培育自觉的绿色社会风尚，对于倡导和力行绿色生活与绿色消费尤为关键。

（一）着力推进培育生态公民的绿色文化教养

绿色文化教养是指在生态文明建设中培育生态公民所必需的公共文化素养。

1. 绿色文化教养的内涵与功能

（1）绿色文化教养的内容

"教养"，从字面理解，即教育与修养。从日常使用来看，教养是指文化和品性的修养，表现为礼貌、态度、风度、生活方式、习惯等。其本质是对人的尊重与关怀，结果是广结人缘，人际关系和谐，人际交往走向可持续。所谓的"绿色文化教养"，就是指个人、家庭、学校、政府、社会通过各种教育方式和自然环境的熏陶与浸染，所习得的符合生态文明要求的尊重自然、关爱自然、保护自然的绿色文化素质与良好的生态习性。它是一个人内在的生态良心所外化成的良好环境行为的状态，是一种真诚而又令人愉悦和受人尊敬的敬畏自然、关怀自然的优秀品行。

绿色文化教养的本质是对自然的敬畏与尊重，是表里如一地善待自然，其结果是人与自然和谐共生、协同发展和走向可持续。

绿色文化教养的具体内容包括两方面：一是关于人们对自然的科学认知、道德态度和审美情感，即在人与自然的关系上表现出的真、善、美三维度的绿色观念形态的教养，它包括生态知识教养、生态伦理教养、生态审美教养等；二是关于人类日常生活中发乎内心地善待自然的绿色实践形态教养，可以称之为生态行为自觉的教养，即让尊重自然、关爱自然、顺应自然和保护自然实践成为一种自然而然的优秀习惯。

（2）绿色文化教养的功能

绿色文化教养是长期养成的重要绿色品行修养，是绿色社会风尚不可或缺的生态公民素养。其功能犹如"又绿江南岸"的春风，使得日常生活方式与消费模式在自然而然中回归绿色。这种"润物细无声"的催绿功能，对于整个社会和人类生活方式的绿色转型和消费模式的绿化，具有常态性、长效性和可持续性。如果缺失绿色文化教养，绿色生活和绿色消费就难以形成普遍化的社会风气，绿色发展与生态文明良序也将难以实现。

2. 绿色文化教养的养成路径

绿色文化教养的养成，依据其内容，可以通过家庭、学校、社会和个人，从观念形态的养成与实践形态的养成两大路径展开。

绿色文化观念形态教养的养成，主要是指人们关于生态环境的科学认知教养、生态哲学与生态道德教养、生态美学教养等观念形态的绿色文化的养成。绿色文化实践形态教养的养成，主要包括人们在与自然打交道中和合相处，养成善待自然的自觉行为。绿色文化教养的培育通道或途径，主要包括家庭的绿色教育、学校的绿色教育、社会的绿色教育等。

（1）加强提高家庭的绿色教育，使家庭成员养成尊重自然、热爱生命、与自然为友的意识、心理、态度。

家庭是一个人绿色文化教养的启蒙之地或摇篮，是绿色文化教养培育的重要场所。父母是家庭绿色教育的直接责任人。因此，父母应当从立德树人的高度，把绿色文化教养纳入有关子女做人的养成教育内容之中。家长可以通过对子女讲故事、看影视、阅读、交流、倾听、观察和观赏大自然等多种方式，传播生态学与环境科学、有机整体性思维、生态自然观、生态伦理观、生态美学观等方面的知识与理论，使家庭成员逐渐可以在情感上善于理解自然、能与自然共鸣，理性上认识自然、掌握生态常识，道德上善于关怀自然、能正确表达自然之爱，审美上善于发现自然、能潜心欣赏自然之美。

身教重于言教。家长在平时的日常生活和消费中，应通过日常生活中的示范，引导子女尊重自然、亲近自然、欣赏自然，在潜移默化中，达到对子女有关自然的初步情感教育、认知教育、道德教育和审美教育等。通过家庭的绿色教育能够使家庭成员虚心倾听自然的教诲，认真学习自然的智慧，具备友好地与自然交往的科学常识，养成友善地对待自然的意识和良好的生活习惯。

（2）加强学校的绿色文化养成教育，提升青少年的绿色文化教养。

如果说一个人儿童时期对待自然的心理、态度和习惯主要依赖父母的启蒙与培养，那么，在青少年时期，以生态科学观、生态世界观、生态价值观、生态伦理观、生态美学观为核心的绿色文化教养，则主要依托小学、中学和大学的系统化培养。各级各类学校应通过修订人才培养理念，强化绿色教育的培养目标。应通过编制绿色教育的本土化的校本教材，把生态环境科学、生态哲学、环境伦理学、生态美学等知识与理论引入课堂。通过教师的精心教学，分层分级、循序渐进、系统化培育学生的生态环保意识、绿色发展意识、生态文明意识，从而使学生逐渐形成认识自然的整体性思维，在规律上准确把握自然；逐渐形成以人为本的生态环境价值观，学会从人类利益共同体、地球生态利益共同体视角，理性把握自我与自然交往的合理行为；逐渐可以平等对待自然，学会以善良之心关爱自然；逐渐具备完整性、多样性、独特性等审美视野，学会发现和欣赏大自然的荒野之美、宏大之美、壮丽之美、包容之美等，为正确处理人与自然的关系，养成绿色的生活与消费方式打下良好的理论和知识基础。

同时，可以通过体验、观察、实验和科研等一系列的实践活动，使学生在亲近自然中学会与自然合理地交往，形成珍惜自然、关怀自然、敬畏自然、保护自然的自觉行为。学校的理论与实践教育，重在培养学生与自然和合共生、可持续发展的生态理性与生态自觉，从而能够在智慧上以自然为师，情感上以自然为友，行为上学会与自然同领春色，共享自然成果，诗意地栖居于地球。

（3）加强社会的绿色文化教养培育，形成良好的公共绿色教养。

人与自然的交往，不仅仅是个人的交往行为，还是在公共空间的交往共同体行为。社会培育功能的良好发挥，对于绿色文化教养社会风尚的形成至关重要。

加强社区的绿色文化培育功能。社会的细胞是社区，充分发挥每一个细胞的绿色文化熏陶功能，整个社会的绿色文化就能蔚然成风，绿色生活与绿色消费模式就能形成。社区是每一个人融入社会的最基础的场所，它可以通过绿色文化建设，把生态认知修养、生态"三观"修养、生态行为修养渗透到每个人身上。社区是培养居民积极关爱自然、热情参与环保的培育基地，是培养和提升公民自觉参与环境监督、正确行使绿色议政参政能力的锻炼基地，是学习合理合法维护自身环境权益、自觉履行生态责任、发挥绿色民主的摇篮。社区可以通过举办生态科普讲座、组织生态公益活动、创建绿色社区、评选绿色家庭等系列活动，引导社区居民学会关爱社区内的自然环境，学会理性表达环保诉求，依法维护生态权益，主动遵循生态文明要求，自觉养成绿色生活方式和消费模式。

加强社会组织的绿色文化教育功能。在绿色文化教养的培育中，社会组织是绿色社会建设的重要主体。社会组织有重要的教化功能，是沟通居民与政府的重要桥梁，一个健全成熟的社会注重依靠社会组织维护社会的良序。其中，对公民的环保知识的培育、环保能力的锻炼、环境权益合法有序表达的引导，对政府的环保政策的正确解读和组织实施，是当代社会组织的重要社会责任。社会组织可以广泛组织各种形式的环保宣传教育活动普及环保知识，可以通过组织绿色出行、绿色旅游等活动增进成员的环保意识，可以通过组织环境调研及时为政府推进绿色发展和生态文明建设建言献策，可以通过参与植树、护生、废弃物循环利用等活动提升公民参与日常生活的环保能力，等等。公民的绿色文化教养的养成，社会组织大有可为。加强生态社会组织的培育，充分发挥其绿色教化功能，是绿色文化社会风尚形成的重要路径。

加强社会主流媒体绿色文化教养的教化功能。媒体是传播绿色正能量的主渠道，是促进社会绿色发展、加强生态文明建设、推动养成绿色生活方式的重要力量。主流媒体和大众媒体可以相互协同，正确发挥舆论监督作用，共同培育生态公民，为良好的绿色生活方式与消费模式的养成鼓与呼，为大众的绿色文化教养起到动员、激励、引领的作用。通过系列报道普及生态环境知识，传播绿色健康理念，弘扬科学的生态世界观与正确的伦理道德观、生态价值观、生态审美观等；通过鼓励和组织大众积极参与公益环保活动，引导和提升公民参与环保的意识与能力；通过征文活动，征集绿色民意，集聚民间的环保智慧，帮助公众有序参与绿色民主活动；通过舆论监督，规范公民的环境行为，促进公民的绿色生活方式与绿色消费模式。

（二）全面强化践行绿色生活方式的制度保障

制度是一定社会范围中的成员共同遵守的准则或规范，它规定了社会行为的框架。践行绿色生活方式，相关绿色制度的保驾护航必不可少。如果没有制度的科学安排，没有绿色制度的正确导向和保障功能的有效发挥，绿色生活方式将不可持续，绿色生活风尚更难以实现。

作为生态文明制度体系之一的绿色社会生活方式的制度建设，同样需要全面构建系统完整的制度保障体系，并全面促进其保障功能的正常发挥。全面加强绿色生活方式的制度保障，可体现在以下诸多方面：

1. 制定和实施激励与约束并重的绿色行政制度

政府的政策法规制度对生活方式和消费模式可以起到直接引导、激励和约束作用，始终处于主导地位。

（1）创新制定激励政策，保障绿色生活方式。政策是调节环境行为方式的重要行政手段。以往政策的制定重心落在单一的激励GDP增长上，各级政府纷纷把拉动生活消费以促进经济增长作为推动经济的重要杠杆，有的地方甚至把消费的多少作为爱国与否的衡量标准。其结果是物质主义的生活方式与高浪费的消费模式盛行，GDP快速增长，而环境质量却大大下降。在加强绿色发展和生态文明建设的当今，政府应当主动顺应绿色发展潮流，自觉调整环境政策方向，整体化、系统化制定积极的绿色政策。比如，应当以系统性、整体性思维全面制定日常生活中垃圾分类回收的激励政策。这样既可通过以日常用品奖励分类正确的居民，从而激励更多居民积极参与垃圾分类，也可激励企业积极参与回收垃圾及其处置，通过税收优惠政策或财政补贴，引导企业创投处理垃圾的产业。从源头疏导到末端治理，系统化设计和制定垃圾分类回收政策，达到资源的循环再生利用，促进全社会形成节约型生活方式。

（2）制定和健全环境政策法规，强制约束和限制一切不利于环境的生活方式与消费模式。政策不仅能对绿色生活和绿色消费行为发挥激励功能，也能对消费生活产生限制约束作用。比如，制定垃圾收费与回收政策，可以按垃圾量的多少，实行垃圾收费制度，从源头上控制垃圾，确保垃圾的减量化、少量化、无害化以及循环再生化。再如，制定地方环境法规，限制或禁止一次性塑料袋和一次性筷子的使用等。只有不断完善环境政策法规制度，才能形成绿色消费的良俗与绿色生活的良序。

（3）加强完善环境治理的监管执法制度。建立和完善严格监管所有污染物排放的环境保护管理制度，将分散在各部门的环境保护职责调整到一个部门，逐步实行城乡环境保护工作由一个部门进行统一监管和行政执法的体制。有序整合不同领域、不同部门、不同层次的监管力量，建立权威统一的环境执法体制，充实执法队伍，赋予环境执法强制执行的必要条件和手段。可以通过政府购买服务等方式，加大对环境污染第三方治理的支持力度。

2. 建立健全环境友好型与资源节约型的绿色经济制度

创建绿色税收制度。所谓绿色税收制度是指有利于促进绿色生产、绿色生活与绿色消费的税收制度。它是一整套的、系统的税收制度安排。税收立法要体现节约资源、保护环境的目的；税种的设计要以绿色理念为引导，增设有关节约资源、环境保护的税种，发挥税收对日常生活和消费的引导调节作用，纠正生活和消费主体不生态的生活方式和消费方式。建立绿色税收制度有助于支持资源的绿色利用、绿色生活和绿色消费。

创建合理的资源能源消费价格制度。要通过市场价格导向作用，约束铺张浪费型的生活方式与消费模式。对于用于生产、满足基本生活需要的资源能源，执行正常的价格制度。对于那些为满足过度需要，尤其是奢侈型需要而生产所需的资源能源的做法，实行递进式的资源价格制度，以引导节约型的生活，约束不环保的消费。

3. 完善严格的绿色管理制度

第一，建立能源消费总量管理和节约制度。加强绿色家庭的创建，坚持节约优先，强化能耗强度控制，创建家庭节能奖励制。进一步完善能源统计制度，探索实行家庭节能自愿承诺机制。对生产厂家，健全节能低碳产品和技术装备推广机制，加强对可再生能源发展的扶持，逐步取消对化石能源的普遍性补贴。逐步建立全国碳排放总量控制制度和分解落实机制，促进绿色、低碳的生活方式。

第二，完善资源循环利用制度。建立健全资源产出率统计体系。实行生产者责任延伸制度，推动生产者落实废弃产品回收处理等责任。建立种养业废弃物资源化利用制度，实现种养业有机结合、循环发展。加快建立垃圾强制分类制度。制定再生资源回收目录，对复合包装物、电池、农膜等低值废弃物实行强制回收。加快制定资源分类回收利用标准。建立资源再生产品和原料推广使用制度，相关原材料消耗企业要使用一定比例的资源再生产品。完善限制一次性用品使用制度。落实并完善资源综合利用和促进循环经济发展的引导性政策。

第三，加强完善考核和追责制度，树立绿色生活方式制度的权威性和效力。在加强绿色生活方式的制度保障时，需要完善生态文明绩效评价考核和责任追究制度。建立资源环境承载能力监测预警机制。研究制定资源环境承载能力监测预警指标体系和技术方法，建立资源环境监测预警数据库和信息技术平台，定期编制资源环境承载能力监测预警报告。对资源消耗和环境容量超过或接近承载能力的地区，实行预警提醒和限制性措施。建立生态环境损害责任终身追究制。实行地方党委和政府领导成员生态文明建设一岗双责制。以自然资源资产离任审计结果和生态环境损害情况为依据，明确对地方党委和政府领导班子主要负责人、有关领导人员、部门负责人的追责情形和认定程序。区分情节轻重，对造成生态环境损害的，予以相应处理。对领导干部离任后出现重大生态环境损害并认定其需要承担责任的，实行终身追责。

第四，构建绿色制度体系是一项复杂的系统工程和长期的战略任务。绿色制度不是一种自发形成的社会机制，而需要由政府、公众和社会各界共同讨论协商制定。制度的设计和安排要符合社会公正与生态公正原则。只有在全社会形成公平、公正、合理的绿色制度并有效执行，才能为绿色生活方式保驾护航，推动绿色社会风尚逐渐形成。

第三节　绿色文化有力支撑绿色发展

生态危机，本质上是一种人类的生存危机和文化危机，是人类长期以来形成的基于"人定胜天"的信念，以主宰和征服自然为特征的狭隘人类中心主义文化所产生的必然后果。因此，走出生态危机，从根源上看，人类无疑应当以文化的绿色变革和生态转型为要，摈弃以自然为敌的非绿色旧文化，走向与自然为友的绿色新文化。只有固本强基，塑造文化的生态品格，方能培育出合乎生态文明时代需要的生态公民，自觉追求并践行资源节约型和环境友好型的绿色生活方式。

一、绿色文化的内涵、本质及其特征

（一）绿色文化的内涵

绿色文化，也称生态文化，是人类文化发展到生态文明时代的新型文化。从广义上说，绿色文化是绿化或生态化的人类生存方式，是人类秉持尊重自然、顺应自然和保护自然、敬畏生命、以自然为友、和合共生、可持续发展等绿色理念，在人类认识和实践活动中所取得的一切物质进步与积极的精神文化的成就。具体而言，广义的绿色文化可以从以下几方面加以理解：

其一，物质形态的绿色文化。也称绿色物质文化，主要内涵指一切有益于人与自然和合共生、可持续发展的所有物化形式的人类文化。主要包括直接满足维持人类个体生命再生产和社会再生产需要的低耗、低碳、低污染或无公害、无污染的绿色物品。包括绿色科技含量高的绿色生产设备与工具，绿色产业结构和绿色经济体系下生产的绿色工业产品、绿色农业产品、绿色建筑、生态景观、绿色交通等。绿色物质文化是创造与发展绿色文化的基础。

其二，制度形态的绿色文化。也称绿色制度文化，是指人类为保护自然、促进人与自然关系协同进化与可持续发展而制定和实施的调整各种实践行为的法律、规章制度的总和，主要包括绿色政治制度、绿色经济制度、环境法律制度、绿色教育制度、绿色社会制度、绿色管理制度等。绿色制度文化是规范人们环境行为方式的保障。

其三，行为形态的绿色文化。也称绿色行为文化，是指人们在交往实践活动中所表现出来的尊重、关爱和保护自然的文化行为。主要包括见之于交往实践中的良好生态行为习惯、敬畏自然的民风民俗、保护环境的社会风尚等。绿色行为文化是绿色观念文化的反映，也是长期以来绿色制度文化规范的结果。

其四，观念形态的绿色文化。也称绿色观念文化或绿色精神文化，是指个人、群体和社会对人与自然关系开展的所有积极的精神文化活动及其成就的总称。它是以生态价值观为核心的生态思想观念或理论体系，主要包括涉及尊重、顺应和保护生态环境的社会心理等自发形态的绿色文化，也包括生态哲学观、生态伦理学观、生态宗教观、生态道德观、生态艺术观、生态文明观等自觉追求人与自然和合共生、可持续健康发展的自觉形态的绿色文化。

狭义的绿色文化，也就是观念形态的绿色文化，它与绿色政治、绿色经济、绿色社会、绿色环境相对应。它所包含的生态世界观、生态价值观、生态伦理观、生态宗教观、生态艺术观、生态文明观等，共同构成了绿色文化的核心。狭义绿色文化是整个广义绿色文化的灵魂，对人类的绿色政治、绿色经济、绿色社会、绿色环境的形成与发展，以及生态文明目标的实现，无疑起着决定性作用。

（二）绿色文化的本质

绿色文化就其本质而言，便是人类为了破解所面临的生态危机而发起的自救行动，这是一场符合生态文明时代要求的、从物质到精神、从制度到行为等一切领域的全面而又深刻的文化变革。通过当今绿色文化的诸多表现形态，如绿色政治、绿色经济、绿色生产、绿色生活、绿色技术、绿色产品、生态哲学、生态科学、绿色宗教、绿色艺术等，我们不难发现，绿色文化正在引发人类世界观的生态转向，正在促进人类生态价值观的形成，正在引导人类把自然纳入道德的怀抱，正在驱动人类重新评估人在自然界的地位，自觉调整生存方式与发展方向，走低碳、循环、绿色发展之路，实现人与自然均能永续发展的生态文明理想社会。

绿色文化本质上为摆脱自然束缚，顺应并利用自然规律，在生态环境可承载的基础上创造人类价值，追求人的自由和全面发展，走向人与自然和合共生，同享可持续发展的新文化。绿色文化不是原始的绿色文化的简单回归，而是人类文化生态觉醒后的辩证的绿色复归，是人类吸取了深刻教训后做出的理性选择。绿色文化引导人们尊重自然、善待自然，是人类远离自然后对自然的伙伴式的回归，是人类既往绿色文化的升华与质的飞跃。绿色，既是古老文化的起源，又是现代文化的归宿。在走向生态文明的新时代，绿色文化将以能量加油站的方式与人类一路同行，成为人类永不枯竭的绿色发展之源。

（三）绿色文化的特征

"绿色"象征着生命、活力、希望，绿色文化作为新形态的人类文化，除了具有一般的文化特征以外，还彰显了一些与以往不同的新文化特征。

1. 反对机械论，提倡有机论

机械论是一种单纯用古典力学观察世界、分析一切自然现象的世界观和自然观。它以孤立、静止和片面的观点解释外部世界，认为自然界中的一切事物都完全服从于机械因果律。现代文化中，机械论的世界观和自然观长期处于统治地位，人们习惯把自然看成一架机器，可以任意拆分与组装，把大自然这一复杂的有机整体分解为各个简单的细小部分。机械论的世界观和自然观，借助于主客二分的思维，把自然置于与人直接对立的地位，从而为人们不断开发、掠夺和榨取自然提供理论基础。今天人类面临的生态危机，与现代文化中的机械论思维无疑有直接相关性，绿色文化倡导的有机论，以生态科学为基础，把整个世界理解为由一个个大小不同的复杂系统组成的有机整体，这个有机整体的各部分存在千丝万缕的联系和相互作用，其功能远远大于各部分之和。大自然就是这样的有机整体，地球就是一个有机的生态共同体。绿色文化倡导的有机整体论，克服了现代文化中的机械论和主客二分的思维缺陷，为人们确立辩证的生态世界观和生态自然观奠定了基础，为人们重新认识自然提供了新思维。

2. 关爱自然，敬畏生命

作为变革现代文化的绿色文化，彰显的是人对待自然的全新理念、态度和行为，绿色文化体现的是人类与自然结成有机联系和休戚与共的共同体；崇尚的是人类以自然为友，把自然当作平等的伙伴，对自然予以尊重，并把自然纳入道德关怀的范围，对自然予以关心与爱护；倡导的是珍爱万物，敬畏生命，顺应自然，利用规律，协调发展，人与自然共同繁荣，造福千秋万代。

3. 保护环境，以人为本

绿色文化所彰显的，就是要遏制住索取自然和破坏生态环境的加剧蔓延态势，保护、修复和改善人类赖以生存与发展的自然基础。当然，绿色文化主张的环保，既不是回归原始，停止一切发展，也不是离开人的利益，为了自然而保护环境，而是坚持保护环境需要以人为本。绿色文化倡导的以人为本的环境价值观，强调的是环保应以什么样的人和以人的什么样的利益为本。绿色文化不是主张以往的以狭隘的个人利益为本的极端人类中心主义，而是强调环保应以最广大人民群众的共同利益为本，以人类利益共同体的整体利益为本，以千秋万代人的可持续发展利益为本。绿色文化不是仅仅主张以单一的物质利益为本，而是着重于以人的自由而全面发展的利益为本。绿色文化还将代内利益与代际利益有机地结合起来了。

4. 低碳循环，厉行简约

绿色文化引导人类自觉摒弃以往不可持续的生产方式与生活方式，倡导绿色低碳、循环再生、节约高效的绿色生产方式，力行轻物质、重精神，戒奢侈、求简约的绿色生活方式，建设环境友好型、资源节约型、生态安全型、人口均衡型的生态文明社会。

5. 崇尚和合，绿色发展

绿色文化呼唤人类的生态觉醒，致力于促进人与自然和合共生，和谐发展。绿色文化主张停止不顾及自然生态承载力的掠夺与征服，走出"GDP 主义"的迷幻，走向人与自然共存共荣、协调可持续的绿色发展之路。

总而言之，绿色文化以上述鲜明的特征表明，它是不同于传统和现代文化的新型文化，它彰显出了人类将回归理性、回归绿色、回归和谐、回归可持续发展的生态文明之路。绿色文化是生态文明的风向标，标志着人类即将告别征服自然的历史，转向人与自然和谐发展的新阶段。

二、绿色文化是绿色发展的灵魂

绿色发展，是人类经济、社会和生态环境的协调发展，是眼前与长远、当代与后代的平衡发展，是人与自然关系的和合共生，协同发展。绿色发展贯穿政治、经济、文化、社会、生态五大建设的一切领域和全过程。其中，文化的绿色发展，也就是精神形态的绿色文化，主要包括生态学、生态哲学、生态伦理、生态文学艺术等。绿色理念是绿色发展行动的先导，作为一种精神形态的绿色文化，是绿色发展的灵魂，它自始至终地渗透贯穿并深刻影响着绿色发展的方方面面，决定着绿色发展的思路与方向。

（一）生态学为绿色发展提供重要的科学基础

现代生态学是研究生命系统与环境系统之间相互关系的科学，是自然科学与社会科学的桥梁。生态学所提出的生态系统理论及其揭示的有关人、社会与自然相互作用的生态规律，为人们更加全面正确地把握人与自然的关系奠定了理论基础，为人们摒弃征服自然的世界观、机械论的自然观、原子论的思维方式、极端人类中心主义的价值观等提供了科学依据，为人类社会确立绿色文化、推进绿色发展、建设生态文明提供了新理论、新方法和新路径。

（二）生态哲学是指导绿色发展的世界观和方法论

生态哲学以人与自然的关系为基本问题，以重建人与自然的和谐关系为目标，反思生态危机，批判机械论的自然观、还原论的思维方式和狭隘的人类中心主义价值观，把人与自然视为一个复杂的有机生态共同体，用生态系统理论观察、分析、解释和研究人与自然的相互联系、相互影响，用有机整体论的生态世界观、以人为本的环境价值观，指导人们改造和利用自然的各种实践活动。

生态哲学是绿色发展的理论依据，生态哲学为绿色发展提供了新的世界观。生态世界观反对主客二分，强调世界是一个"人—社会—自然"紧密联系而构成的生态系统，它具有有机整体性、系统关联性、动态平衡性及复杂性等特征，认为地球就是一个由无数生命系统组成的复杂生命之网。

生态哲学强调的以人为本的环境价值观，为绿色发展提供了新的价值尺度。在处理人与自然的关系上，以往人们基本上奉行的是狭隘的人类中心主义价值观，其结果是以牺牲环境换增长，导致生态危机日益严峻化。生态哲学认为，人类的发展应当以最大多数人的根本利益为价值尺度，人类和生态共同体的整体利益，应当成为人类实践活动的出发点和归宿点。人们只有走出狭隘的个人中心主义、集团或地方利己主义、虚幻的人类中心主义，才能避免竭泽而渔式的增长方式，绿色发展理念和生态文明理念才能真正确立起来，绿色、低碳、循环的绿色生产方式与生活方式也才能得以实现。

（三）生态伦理学为绿色发展提供了行为规范体系

生态伦理学，也称环境伦理学，是关于人与自然的关系的道德体系学说。它突破了传统的伦理观，把伦理道德由人类社会拓展到非人类的自然界，认为人与自然万物均应当是人类关怀的道德对象。它倡导人们抛弃旧有的那种主宰自然、践踏自然和掠夺自然的观念、态度和行为，确立尊重自然、善待生态、敬畏生命、关爱万物的伦理态度。它主张人类与自然的交往实践活动，应当遵循环境道德的"双标尺度"，即既要有利于人类利益共同体，也要有益于地球生态共同体，它强调人类应把尊重、爱惜自身赖以生存的地球环境，把维护整个生态共同体的完整、稳定和美丽，作为调节人与自然的关系时必须遵循的基本伦理规范与准则。

我们要真正遏制并转变不利于可持续发展的生态环境失衡局面，就必须从深层的伦理意识和道德规范的转变入手，远离一切蔑视自然、为一己私利不惜损害生态环境的自私观念和不道德行为，全面确立尊重、关爱与保护自然环境的生态道德意识，并将之内化为人们的生态良知，自觉规范一切改造自然的环境行为，在推进绿色生产方式、绿色生活方式以及建设生态文明的进程中，自觉践行绿色发展理念。只有在道德上形成了真正的绿色自觉，我们的绿色发展和生态文明实践才会有良序。

（四）生态文学艺术为绿色发展提供审美情感和绿色态度支持

生态文学艺术是用语言、文字和形象表达人们对社会交往和自然交往生活的理解，是依托绿色美学表达人生的自然情感体验以及对自然生态环境美的向往和生态价值追求的绿色意识形态。人们习惯于把以环保为主题的文学艺术统称为生态文学艺术。

生态文学艺术的兴起，是对传统审美标准的深刻变革，它把审美和关怀的主题由人际社会关系拓展到人与自然关系的领域，通过其劝善抑恶、引导教化功能，唤起人们对地球环境的忧患意识，激发人们对地球的关爱之情，引导人们欣赏大自然的生态之美，陶冶人们善待自然的绿色情操，激励人们担当保护自然的生态责任。

绿色发展理念的践行，需要生态文学艺术的理解和支持。能否在全社会确立绿色发展理念和生态文明观，能否让生态道德与责任意识内化于心，能否让人们在潜移默化中养成尊重、关怀、保护自然的良好习惯，进而积极参与到绿色发展进程之中，生态文学艺术的熏陶无疑是不可或缺的重要因素。

第四节　生态文明教育推进绿色发展

生态文明是人类对传统文明形态，特别是工业文明进行深刻反思的成果，是人类文明形态和文明发展理念、道路和模式的重大进步。如果说农业文明是"黄色文明"，工业文明是"黑色文明"，那么生态文明就是"绿色文明"。

一、生态文明的内涵理解

生态文明以尊重和维护自然为前提，以人与人、人与自然、人与社会和谐共生为宗旨，以建立可持续的生产方式和消费方式为内涵，以引导人们走上持续、和谐的发展道路为着眼点。生态文明强调人的自觉与自律，强调人与自然环境的相互依存、相互促进、共处共融，既追求人与生态的和谐，也追求人与人的和谐，而且人与人的和谐是人与自然和谐的前提。这种文明观同以往的农业文明、工业文明具有相同点，那就是它们都主张在改造自然的过程中发展物质生产力，不断提高人的物质生活水平。但它们之间也有着明显的不同点，即生态文明突出生态的重要性，强调尊重和保护环境，强调人类在改造自然的同时必须尊重和爱护自然，而不能随心所欲，盲目蛮干，为所欲为。

很显然，生态文明同物质文明与精神文明既有联系又有区别。说它们有联系，是因为生态文明既包含物质文明的内容，又包含精神文明的内容。生态文明并不是要求人们消极地对待自然，在自然面前无所作为，而是在把握自然规律的基础上积极地、能动地利用自然，改造自然，使之更好地为人类服务，在这一点上，它与物质文明是一致的。而生态文明所要求的人类要尊重和爱护自然，将人类的生活建设得更加美好；人类要自觉、自律、树立生态观念，约束自己的行动，在这一点上，它又是与精神文明相一致的，它本身就是精神文明的重要组成部分。说它们有区别，则是指生态文明的内容无论是物质文明还是精神文明都不能完全包容，也就是说，生态文明具有相对独立性。

二、生态文明的基本内容

生态文明的基本内容主要包括以下几点（见图 5-2）：

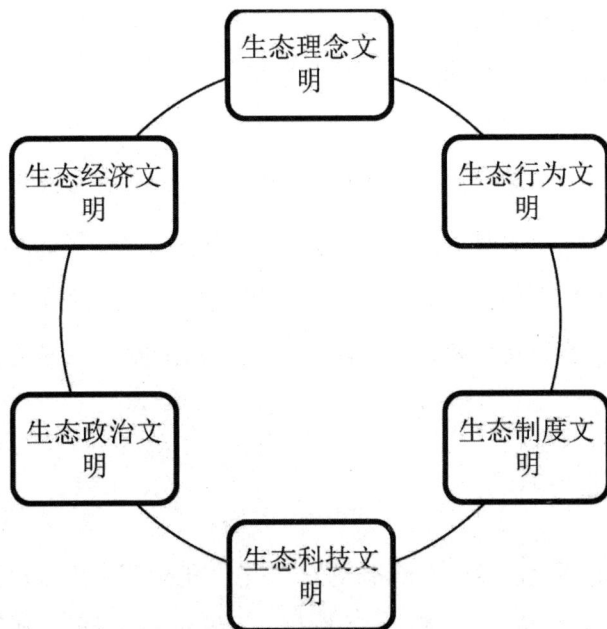

图 5-2　生态文明的基本内容

（一）生态理念文明

生态文明建设中一项很重要的内容，就是在全社会牢固树立生态理念文明。生态理念，是人们正确对待生态问题的一种进步的观念形态，包括进步的生态意识、进步的生态心理、进步的生态道德以及体现人与自然平等、和谐的价值取向，环境保护和生态平衡的思想观念和精神追求等。讲究生态文明，意味着确立一个新的价值尺度或价值核心。建设生态文明，在全社会树立生态文明理念是首要工作。要逐步形成尊重自然、认知自然价值，建立人自身全面发展的文化与氛围，从而转移人们对物欲的过分强调与关注。

生态理念文明强调的是从思想意识上转变传统的"向自然宣战""征服自然"等理念，树立"人与自然和谐相处"的新型理念；从把增长简单地等同于发展、重物轻人的发展理念，向以人的全面发展为核心的发展理念转变。强调人人要树立资源有限、环境有限的理念，树立人与天地一体的理念，像爱惜和保护自己的身体那样去爱惜和保护自然。

（二）生态经济文明

建设生态文明，要求社会经济与自然生态平衡发展与可持续发展。在生态文明理念的指导下，经济发展将致力于消除经济活动对大自然自身稳定与和谐构成的威胁，逐步形成与生态相协调的生产生活与消费方式。目前，我国已经把保护自然环境、维护生态安全、实现可持续发展这些要求视为发展的基本要素，提出了通过发展去实现人与自然的和谐以及社会环境与生态环境平衡的目标。

建设生态文明，前提是发展。只有发展，才能不断满足人民群众日益增长的物质文化生活需要。传统的工业文明固然使一些地方因经济的快速增长而带来了物质上的富裕，但如果不能按生态文明的要求及时予以矫正，经济社会发展就不能持久。这就需要在发展的同时，保护好人类赖以生存的环境；需要转变经济发展方式，走生态文明的现代化道路；需要把经济发展的动力真正转变到主要依靠科技进步、提高劳动者素质、提高自主创新能力上来。

（三）生态政治文明

政治文明的功能是通过制度的安排和国家公共权力的运用来维系社会秩序，通过公平分配社会资源来保障个人权益，保障生态文明建设。生态政治文明，要求尊重利益和需求的多元化，注重平衡各种关系，避免由于资源分配不公、人或人群的斗争以及权力的滥用而造成对生态的破坏，由公共权力限制损害生态环境行为的发生，维护人的生命健康安全。

就民主建设而言，必须切实维护好人民群众参与生态环境保护的权利。政府要进一步公开各类信息，畅通人民群众监督、投诉、管理生态事务的渠道，保证人民群众生态文明建设的知情权、参与权和监督权，让人民群众从生态文明建设中深切体会和明确认识自己的利益所在，从而激发其参与生态文明建设的热情。

（四）生态科技文明

生态科技文明是对近现代科学技术反思之后的科技生态化转向。它以协调人与自然之间的关系为最高准则，以不断解决人类发展与自然界和谐演化之间的矛盾为宗旨，以生态保护和生态建设为目标。应该认识到，科技是协调人与自然和谐发展的直接手段和重要工具。科学研究和技术应用要能够促使整个生态系统保持良性循环，能为优化生态系统提供智力支撑。科学技术活动，最基本的要求就是要服从自然本身的属性，接受自然科学所认识规律的限制。

对于生态文明来说，科学技术是一柄"双刃剑"。一方面，20世纪以来传统工业化对自然资源高强度、掠夺性地开发使用，所造成的生态破坏和环境污染，与现代科学技术的推动有关；另一方面，科学技术在节约资源、保护生态、改善环境等方面，也不断发挥着越来越显著的作用。我们应该积极预防科技应用可能引发的负面效应，着力突破制约生态文明建设和可持续发展的重大科学问题和关键技术，大力开发和推广节约、替代、循环利用资源和治理污染的先进适用技术，不断为生态文明建设提供科学依据和技术支撑。

要系统深刻地认识自然规律，认识人与自然相互作用的规律，认识我国自然资源与生态环境的现状及其变化的趋势，认识社会复杂系统的演化和调控规律，以便及时自觉地调整人与自然的关系，积极推动向资源节约型、环境友好型社会转变。要树立综合的科技评价体系，避免用单一的经济指标来评价科技的优劣，应该从生态、人文、美学等各方面建立合理的科技价值体系，引导科学技术健康、持续发展。

（五）生态制度文明

人类自身作为建设生态文明的主体，必须将生态文明的内容和要求内在地体现在人类的法律制度中，并以此作为衡量人类文明程度的标尺，建设生态制度文明，内在地包含着保护生态、实现人与自然和谐相处的制度安排和政策法规。正确对待生态问题的制度形态，包括生态制度、法律和规范，强调健全和完善与生态文明建设标准相关的法制体系。为了积极推进生态文明建设，必须加强生态法治建设，通过国家立法的方式，提高人们对环境所承担的责任。

随着我国社会主义市场经济的发展和建设社会主义法治国家进程的加快，生态保护的法律法规在生态文明建设中发挥着越来越重要的作用。系统的法律和制度体系，是落实生态文明建设的有效保障。当务之急是强化政策导向，形成激励和约束机制，改革绩效考评体系。根据不同地区经济发展的实际水平和人口、资源、生态环境的总容量，确定不同的发展目标，相应制定不同的考核评价体系，赋予不同的经济政策，明确生态环境保护的职责、权利和义务。调动人民群众进行生态环境保护的积极性，使社会公众学会运用法律法规来维护自身的生态环境权益，并敢于对污染和破坏生态环境的行为进行检举和控告。

（六）生态行为文明

建设生态文明，人们应该将生态文明的内容和要求由内而外地体现在自己的生产、生活和行为方式中，体现在各种活动实践中。生态文明建设是一项系统、深刻的社会变革工程，既需要自上而下的发动与贯彻，也需要自下而上的参与和推动。

目前，生态文明的观念和机制正在形成，并日益深刻地影响着所有社会组织和个人的行为方式。建设生态文明，关键在于人的行动，在于形成符合生态文明要求的生活方式和行为习惯。人的生活方式应自觉以实用节俭为原则，以适度消费为特征，应该追求基本生活需要的满足，崇尚精神和文化的享受。作为物质产品的生产者和消费者，人们应该在生产和生活中养成节约资源、善待环境、循环利用、物尽其用、降耗减排的良好习惯，主动抑制直至消除浮华铺张、奢侈浪费等不良习惯。

三、生态文明教育

（一）教育是推进生态文明建设的力量源泉

1. 发展生态教育，强调相互尊重和爱

21 世纪的生态教育要革新意识，认识到人们不是在一个支离破碎的环境中的独立个体，而是在一张充满生机活力的生命能量网中与所有事物和所有他者相互联系的人。如果说，基于相互孤立的实在模型的现代教育，所强调的是个体主义和竞争，从而导致恐惧；那么，基于量子物理学的相互联系的实在模型的生态教育，所强调的则是相互联系，及其所带来的相互尊重和爱。

2. 发展热土教育，以地方共同体的共同福祉为旨归

热土教育是指一种以地方共同体的共同福祉为旨归的有根教育。它是对现代离土教育的反驳，是标准化、单一化、市场化的现代全球教育的抵抗者，它旨在培养学生厚重的责任感和深邃的归宿感。热土教育既认同所在地方共同体，也认同大自然，建立与地方共同体和大自然的亲密关系，克服当代人的无根浮萍状态。

3. 发展全人教育，拓展生态文明素养

首先应是培养具有生态文明素养的新人，即对整个星球福祉负责任且具有生态意识和生态智慧的人。全人教育策略也是整体论的，它强调形成学习共同体，让学生在共同体中学习，相互合作，相互学习，跨课程学习，体验式学习，基于问题展开批判性、创造性反思，最终是为了解决当地共同体面临的问题，并在解决问题的过程中检验促进学习。

4. 复兴博雅教育，强调生态责任

博雅教育历史悠久，但现代以来开始衰落，即使现在仍有美其名曰之博雅教育，也已变质了，最终目的也只是为经济服务。为了让生态文明成为一个合理的教育目标，我们急

需的博雅教育，必须试图增强学生向善的力量，培养共同体领袖和品德高尚的人，培养学生的敬畏感和责任感。更具体地说，是培养这样一种生态责任感，为了人类和所有生命福祉的增长，将我们的社会建设得可持续、合理、公正。

概而言之，生态文明教育，要教会人们一方面正确认识活的、有机的世界，另一方面努力成为共同体之中的全面发展的人，以一种有利于自然与人类福祉的方式，促进包括自然与人类在内的共同福祉的丰富和发展。

（二）生态文明教育在路上

生态文明教育，在实践上首先呼唤学校绿色转型。中国是率先提出生态文明建设策略的国家，"是当今世界最有可能实现生态文明的地方"。因此，生态文明教育在中国有更好的土壤，今天全国已开展丰富生动的理论和实践探索。

生态文明教育弘扬以社会责任为目标、智慧美德为统帅、共同福祉优先、合作至上等诸多新理念。事实上，这些理念一直或多或少地蕴藏在不同于现代教育模式的生态教育、有机教育、热土教育、全人教育、博雅教育等另类教育模式之中。生态文明教育并不需要另起炉灶，只需要在最新的生态文明教育理念的统领下，充实这些另类教育模式在生态文明时代条件下的新内涵，使之得以升华，最终促成与生态文明相适应的新型教育范式。

第六章　新时代绿色发展路径之企业的责任与政府的转型

第一节　企业的责任与绿色发展

在全球经济一体化的背景下，环境问题成为世界共同关心的话题，由此引申出了企业的社会责任这一世界性热点问题。各国政府都在越来越多地强调自然保护以及人与自然的和谐相处，国际层面上有关组织也出台了种种社会责任标准，要求企业遵守规定，承担社会责任。

一、企业社会责任与绿色发展的国际视野

企业社会责任和绿色发展不仅仅在商业领域得到重视，而且也成为政府追求地区、国家乃至全球可持续发展目标的核心理念，在当今世界已经深入到了经济学家、政治家、企业家、社会活动家、环保主义者以及普通民众的头脑中，并日益成为商业管理和公共治理的主流化战略。

国际组织在构建企业社会责任框架方面扮演了重要角色。跨国公司会参考或遵循这些机构制定的指南或者原则。比如：经济与合作组织制定的跨国企业指南、联合国契约十项原则、国际标准化组织的ISO26000《社会责任指南》、全球报告倡议组织的《可持续发展指南》等。这些指南或原则都明确阐释了企业在防治污染、资源可持续利用、应对气候变化等方面的责任。

同时，企业社会责任也深深根植于本土知识与文化背景之中。例如，日本文化中的"三方皆好"（包含了人、企业、社会三方互益），南非的"乌邦图"（提倡相互依赖、共荣、和谐、尊重的社区文化)，中东伊斯兰教文化的"施天课"（以慈善为核心内容）以

及中国的"和谐社会"都对本土的企业社会责任思想产生了影响。

（一）全球企业社会责任的区域视角

企业社会责任不仅是理论，也包含着一系列具体的方法和实践，根据不同区域大致可划分为以下两类：发达国家的企业社会责任与发展中国家的企业社会责任。

以美国为例的商业体系和社会制度崇尚对个人自由和权利的最大认可。因此，许多社会问题，例如教育、医疗保障和社区投资等，自然就成为企业社会责任的核心。另外，慈善也是美国企业社会责任的重要组成部分。而欧洲的情况与美国不同，在欧洲，政府一直承担着提供医疗保障、应对气候变化和其他社会问题的职责和功能，因此"企业社会责任"的概念引入欧洲之后，更强调环境议题。在亚洲的发达国家，如日本和韩国，企业社会责任通常与欧洲类似，也非常强调环境方面的议题。在全球化的背景下，来自西方的跨国企业把企业社会责任的理念和方法推向世界，成为企业社会责任全球化最重要的驱动力。

在发展中国家，企业履行社会责任还存在巨大的努力空间。这些国家围绕企业社会责任的对话从"一种援助和慈善"转向了"负责任的行为与发展"。近年来，发展中国家越来越关注企业社会责任，将其视为可持续发展的重要策略、提高国家竞争力的关键决策和海外战略的重要组成部分。

（二）企业社会责任的区域比较

企业社会责任是全球化思维与本土化实践的结合，企业社会责任都根源于本土的经济社会发展状况。企业社会责任是企业展示自身社会责任的工具，也是多方利益相关者推动企业实现核心价值的常用方式。北美企业社会责任的主要关注点是社区福利、教育、生活质量、文化与环保议题，如全球变暖和气候变化。欧洲企业社会责任是商业创新、政府机构规制，以及投资者和公民社会多方利益相关者共同努力的产物。虽然欧洲企业社会责任运动是由大企业发起的，但是欧洲99%的企业是中小企业，随着企业社会责任创新的商业机会，以及企业面临的欧洲内外的多方利益相关者的期望，推动着企业社会责任不断完善。亚洲有悠久的慈善传统，而且已经根植于亚洲商业实践和制度框架之中。亚洲企业社会责任的驱动力有如下方面：社会中的宗教传统、信托理念、家庭慈善，企业对社会规制的响应，NGO与公民社会压力，全球化背景下的国际国内商业伙伴诉求等。亚洲企业社会责任对内表现为员工福利和工作场所条件，对外表现为环境保护和社区教育健康议题。其中，环保逐渐成为优先考虑的议题。

（三）企业社会责任政策——以欧盟为例

欧盟委员会于 2001 年呼吁企业"在自愿的基础上，在商业运营中及与利益相关方的互动中融入社会与环境诉求"。2011 年 10 月，欧盟委员会颁布了一项企业社会责任的新政策，新政策将企业社会责任定义为"企业对社会造成影响所负的责任"。为了履行社会责任，企业"应该在商业运营和核心策略中，与其他利益相关方通力合作，整合社会、环境、人权和消费者权益等多方面的要素"。

新政策将企业社会责任的目标定义为"将企业主、股东、其他利益相关方和整个社会的价值最大化"。新政策还强调法律法规，欧盟将出台一系列配套的法律法规配合新政策的执行。在承认企业是履行社会责任主体的前提下，新政策强调政府规制的重要性，提出了"为负责任的商业行为创造透明性和市场激励机制，确保企业履行社会责任"。

欧盟委员会颁布了 2011 年—2014 年的企业社会责任行动计划，包括：提高企业社会责任的可见度，推广优秀做法；提高企业信任水平；促进自我和共同规制；提高企业社会责任的市场回报；鼓励社会环境信息披露；将企业社会责任与教育、培训和研究进行深度整合；强调国家和地区层面企业社会责任策略的重要性。

二、绿色发展中的企业环境社会责任框架构建

企业社会责任在中国乃至全球日益主流化，同时企业社会责任对环境问题的关注达成了一种共识，即环境保护是企业可持续发展应采取的必要措施。这种共识有助于促进企业更加主动地参与环境发展和保护。近年来，政府和企业都已认识到环境保护和经济增长并不总是存在矛盾，企业也开始认识到履行社会责任也可能成为企业发展的一种契机。企业的社会责任和绿色发展，重点在于剖析企业如何实现人、地球和利益三方面的平衡。目前我们正面临着这样一个历史机遇，即通过构建企业履行环境社会责任的机制来遏制环境恶化的趋势，进而使中国走向绿色发展之路。

企业履行环境社会责任有三个层次：基础层次的遵规守法者、超越合规的积极合作者以及处于引领层次的未来领导者。针对不同层次的企业，政府应制定相应的策略和政策调节，其目标是严惩基础层次之下的企业，在保证基础层次的企业社会责任的基础上，推动

企业社会责任向中间和引领层次发展。

企业环境社会责任的履行不仅仅是企业内部的问题，也需要其他社会主体的关注、承诺以及积极参与，构成促进企业履行责任的外部环境。社会其他组成部分引导、激励或者施压，以促使企业主动承担相应的责任，从而构成"企业环境社会责任三圆环框架"。根据发达国家政府的经验，为推动企业履行环境责任，政府需要在充分理解政府、企业和社会相互关联的基础上在国家层面建立应对本地经济、环境和社会情况的有效框架，并最终形成公共政策体系，如在国家层面制订企业履行环境社会责任的战略与行动方案，加强政府协调和社会合作，为企业提供支持与服务，创新企业履责的激励与约束机制，完善企业环境信息披露制度和提升企业透明度。

（一）企业社会责任与绿色发展

"企业社会责任"概念的提出隐含着思想观念上的一个基本认识或基本假定：企业对社会负有责任。这个认识与"企业公民"的概念是完全一致的——正如一个公民对社会负有责任，一个企业对社会也负有不可推卸的责任。

世界范围内，企业社会责任的发展经历了三个阶段：以企业慈善为特征的第一阶段，合规经营的第二阶段，以及绿色发展背景下的自觉阶段。绿色发展中的企业社会责任，可以概括为企业环境社会责任。

早期的企业社会责任也可以看作是企业主的慈善。这是企业社会责任发展的第一阶段。由于企业经营活动可能对环境造成负面影响，进而给生活于其中的人群带来危害。随着企业规模增大，负外部性不能忽略时，企业就需为此负责。一般而言，企业不会主动支付其成本，往往需要政府规制，迫使企业将外部成本内部化。遵守政府规制是企业承担社会责任的重要体现。这是企业社会责任发展的第二阶段。

随着全球环境变化的制约，在绿色发展和孕育新的产业革命的新背景下，一些企业认识到自身的盈利目标与环境保护可以统一，甚至绿色发展的模式有可能帮助提高企业的利润。通过有利于环境和社会的经营模式实现企业目标，那么企业社会责任不再成为负担，不再是外在的、强加的，而成为内在的、自觉的、主动的行为。这是企业社会责任发展的新阶段。

企业社会责任是一个现代概念。它是随着现代企业制度的建立而出现的。没有现代意义上的企业概念，企业社会责任也就无从谈起。现代企业和企业制度发源于西方，中国的现代企业制度建立较晚，在这个意义上而言，中国企业社会责任的发展仍处在初期。

企业是现代经济体系的核心组成单元，在环境治理中企业具有如下特征：在许多情形下，企业是社会必需产品和服务的生产者，是就业税收的创造者，同时也是污染者和资源消耗者。面向未来，企业是绿色发展的主角。因此，无论在经济发展还是在环境保护，乃至绿色创新中，企业应该发挥核心作用。这个核心作用发挥得好，社会和自然将向和谐的方向发展；反之，社会和自然将被迫承担更大的实际损失和机会成本。

（二）企业环境社会责任层次框架

绿色发展中企业社会责任的一个重要内容体现为企业环境社会责任，主要表现为三个层次。

1. 基础层次：遵规守法者

企业的环境社会责任首先在于遵规守法。企业的经济活动必须符合国家法律，遵守环境标准，满足规制要求。遵规守法首先是企业的法律义务，也是企业社会责任的最低标准。目前，在中国仍存在大量不遵守环境法律、法规、制度和标准的企业，实际是沦为基础层次之下的。这些企业必须承担相应的法律责任。

2. 中间层次：超越合规，为积极合作者

作为社会公民，企业应主动承担环境社会责任，促进经济、环境和社会的可持续发展。具有社会责任感的现代企业应具备良好的可持续发展观念，对自身的环境影响和社会影响敏感，积极响应国家要求和社会期望，在环境保护与可持续发展方面积极努力。

3. 引领层次：将社会责任与企业发展战略融合，是未来领导者

在全球绿色经济转型的背景下，企业要面向未来，抓住机遇，主动适应，积极引领经济转型。

针对不同层次的企业，政府应制定相应的策略和政策调节，其目标是严惩基础层次之下的企业，在保证基础层次的企业社会责任的基础上，推动企业社会责任向中间和引领层次发展。

从中国环境保护和绿色发展现状来看，企业环境社会责任意识缺乏、履责能力不足；政府监管不力、社会外部压力不够。因此，中国企业的整体履责情况是：丧失底线和在法律遵从线上挣扎的企业数量多，而超越合规和处于引领层次的企业少。这既是中国企业面临的巨大挑战，同时也蕴含着前所未有的绿色发展机遇。

中国众多企业还处在最基本层级之下——无法遵守基本的环境法规，成为底线丧失者，这些企业为了追求经济利益而肆意排污，如蓄电池厂造成儿童血铅超标等。当然在中国也存在一些良好的企业实践，如中国移动国家电网等企业的社会责任实践案例入选哈佛商学院、剑桥大学的教材案例，中国移动连续四年入选道琼斯可持续发展指数（DJSI），中国五矿获得联合国全球契约组织环境先锋企业荣誉。这种多层级企业同时存在表现出中国企业环境社会责任的复杂性和艰巨性。

从所处责任层级的企业数量上来说，理想情况应是一个纺锤形，即：丧失责任底线的企业和能做到战略融入的先锋企业都较少，而能做到法律遵从和自愿采取环保行动的企业数量最大。但就中国当前的环境形势来看，该形状为花瓶状，即：底线丧失和在法律遵从线上挣扎的企业数量多，其他两个层次的企业少。因此，在中国，一方面需要政府完善企业环境社会责任的法律体系，构建良好的制度环境，促使法律遵从线下的企业做到合规经营；另一方面需要政府大力倡导绿色发展理念，创新绿色发展的政策激励机制，让一部分中国企业发挥绿色先锋的作用，成为中国绿色经济体的引领者。

（三）绿色发展下企业履行环境社会责任的框架

融入企业战略的环境社会责任观是企业绿色发展的核心。只有企业的环境社会责任与发展目标一致的时候，履行环境社会责任才会不再是被动的、附加的和成本消耗的因素，而成为主动的、内生的和带来竞争优势的驱动力。围绕这个融入了环境社会责任的企业发展战略，企业需要构建正确的环境社会责任理念（认知和学习），并建立相应的责任管理体系（如同质量管理一样），在科学系统的管理体系指导下积极履行环境社会责任，同时很重要的一点是在履行责任的过程中要有透明度和注重与各利益相关方的沟通。

此外，企业环境社会责任的履行不仅仅是企业内部的问题，也是全社会的共识。在企业的外部，社会需要构建一种促进企业履行责任的外部环境。社会的其他组成部分（企业的利益相关方：政府、社会团体、社区民众、媒体等），应该通过引导、激励或者施予压力的方式促使企业主动承担相应的责任。

基于社会责任战略理论和利益相关方理论，可构建"企业环境社会责任三圆环框架"。该框架由三个同心圆组成。其核心层是融入了环境社会责任/绿色发展理念的企业战略：企业的环境社会责任与企业经营应有机结合起来。

第二层由四个部分组成：（1）企业对环境社会责任的认知，包含对环境社会责任的理念认知、相关信息收集、特色的责任观、优先领域等；（2）责任管理，这里提出了责任管理概念，即环境社会责任的实施应有系统性地推近，包括管理体系、组织构架、制度（或行为准则）、考核体系；（3）具体的环境社会责任实践，如污染防治、应对气候变化、生物多样性等；（4）透明度与利益相关方沟通，即：环境信息的透明，就环境议题建立的与相关方沟通的渠道和报告制度。虽然对企业环境社会责任做了四部分的划分，但部分与部分之间的边界并非如线条般明显，其内容会有很多交叉和渗透，如每部分都存在相应的认知。

以上两层是企业内部的环境社会责任推进机制，或者说是企业履行环境社会责任的内部环境。最外层则是企业承担责任的外部环境，即各利益相关方与企业就环境社会责任议题的相互作用，这些利益相关方包括政府、环保组织、媒体、普通民众、行业协会、研究机构和智库、同行企业、消费者等。而这种互动的作用在于对企业履行社会责任进行约束与引导。

从这样一个框架可以看出，企业在感知外部支持和约束的情况下，通过提升认知，实施管理进而开展实践，并利用利益相关方的反馈不断提升，最终形成企业战略，实现对外部压力的响应。这个框架为政策建议提供了切入点，即衡量相关政策的效果要看其是否能够提升企业在认知、管理、实践及外部沟通方面的能力。

三、提高企业环境社会责任的政策建议

现代国家提供社会服务是各方主体博弈的基础。因此，国家制度和政府政策是企业履行环境社会责任的环境和前提。但是，企业社会责任的主体依然是企业，而非政府，政府在推动企业社会责任的机制中起主导作用，但并不必要也不能完全控制企业。企业社会责任需要企业自治与政府干预的有效结合。为此，中国政府除了需要颁布法律法规和制定公共政策明确要求企业履行法定环境责任之外，还应该通过引导、激励、合作等多种方式为企业营造良好的制度环境，特从以下方面提出政策建议。

（一）尽快制订国家层面的企业环境社会责任战略和行动方案

将企业环境社会责任提升为国家战略的意义重大。一方面，国家需要明确承担企业环境社会责任领域的规则制定者责任，在企业环境社会责任方面发挥领导、主管、协调和表率作用；另一方面，可以提升企业环境社会责任在公众心目中的认知程度，明确企业社会

责任的含义和目标，加强企业社会责任的宣传和推广。此外，尽快形成有中国特色的企业社会责任战略，有助于为实现全球化背景下生态环境保护与经济社会的协调发展做出贡献。中国是发展中的大国，中国企业积极承担环境社会责任不仅有助于企业在国际竞争中立于不败之地，也是提升中国"负责任大国"形象的重要策略。

1. 制订《国家企业环境社会责任发展战略和行动计划》

立足于政府、企业和社会三位一体的总体布局，确定国家总体目标，明确重点任务、保障措施、能力建设等内容，给予一定资金支持，建立相应的监督跟踪与评价机制，以保障行动效果。

2. 完善企业环境社会责任的法律体系

构建良好的制度环境，促使法律遵从线下的企业做到合规经营，尤其需要重视环境公益诉讼的作用，充分发挥司法体系如地方环保法庭的执法效力。

3. 制定国家推行企业环境社会责任的路线图

如在政府相关部门发起"企业环境社会责任行动倡议"，提升相关部门和工作人员的企业环境社会责任意识；在中央政府层面甄别企业环境社会责任优先事项，优先考虑针对中小企业的相关公共政策，为中小企业履行环境责任提供有利环境；重视中国海外企业的环境责任建设，增强企业的国际竞争力。

（二）积极推动企业环境社会责任工作中的政府协调和社会合作

由于企业环境社会责任涉及环境保护、劳动关系、产品质量和安全、商业道德和慈善等多个领域，涉及多个政府部门，因此政府部门之间的协调十分必要。

各部门设计方案要形成良好的协调和沟通机制，避免重复和重叠现象，以节约时间和资源，使企业更加明晰所在行业和企业对应的政府规制和行为准则，从而专注于经营活动。除了要加强政府部门横向和纵向之间的协调之外，政府部门还需要加强和其他利益相关方的合作，发挥其他利益相关方的社会监督功能，这样才有利于科学决策和相关法规的落实。

1. 成立"企业环境社会责任协调委员会"

为了成功制定企业环境社会责任政策和推动政策实施，建议成立"企业环境社会责任协调委员会"。该机构的职责主要是在国内以及全球范围内推进企业环境社会责任，制定国家层面的战略，组织、协调、监督相关战略和政策的实施，协调各政府部门之间的沟通，以及向国家决策层提供多方面的建议。

2. 搭建多方利益相关者参与平台

使各利益相关方充分交流，共同参与。扩大媒体、网络平台在绩效评价、信息公开、行为监督和社会反馈方面的作用，扩大社会参与，在建设性对话的基础上加强社会合作。

3. 加强国际合作

在企业环境社会责任领域加强与国际社会的合作，积极参与国际企业社会责任治理，引入重要的国际标准，学习先进技术，借鉴发达国家在国际际扶贫中的环境保护经验，彰显发展中大国的国际责任，争做发展中国家的国际典范。

（三）加强能力建设为推进企业环境社会责任提供服务和支持

针对中国目前经济转型和政府职能转变的大背景，以及企业履责能力程度不一、总体履责水平低的现实，要解决企业"无压力、无动力、无能力"的履责难题，需要推动针对政府、企业和利益相关者的能力建设；需要营造支持性环境，提升企业履责的专业能力，包括环境管理能力、多方利益相关者的沟通能力和企业环境影响信息收集能力等；此外，还应加大对企业社会责任教育和研究的投入，重视学术机构的创新能力和牵头作用，发挥政府、企业和大学的协同创新优势，从人力资源的源头上强化企业社会责任能力建设。

1. 建立"企业环境社会责任评价体系"

基于国内发展实际，借鉴国际成熟经验，建立"企业环境社会责任评价体系"。将企业环境社会责任作为一个制度化和规范化的管理体系，设置专门的负责部门，进行标准制定和推广工作。

2. 增强创新活力

支持社会组织的广泛参与，对其相关研究和培训成果予以奖励，增强知识创新及管理创新的活力。例如，英国政府正是认识到处于政府机构和企业之间的独立机构的重要性，充分调动他们沟通、对话、提议和传播良好实践的作用，以确认问题、提出议案、发布政策、实施政策和评估效用。

3. 发挥专业机构的支持作用

鼓励教学科研机构发挥人才培养、基础研究和政策咨询方面的作用，建立以大学为依托的专业学术研究机构，为国家提供企业环境社会责任方面的智力支持。例如荷兰政府开展了一项关于企业社会责任的大学研究计划，由大学组织各相关研究机构，从而保持政府政策与企业实践的良性互动。中国也应鼓励在大学成立企业社会责任机构，开展科学研究、人才培养和技能培训等，为政府、企业和各利益相关方提供服务和支持。

（四）在强制企业合规的基础上创新企业履责的激励与约束机制

通过法律制度推进企业社会责任运动是政府采用的通用手段。例如，法国政府在 2001 年颁布了《新经济规制法》，要求所有上市企业必须将其社会环境影响信息纳入可持续发展报告中。鉴于中国目前企业环境社会责任的重点是法律责任的遵从，必须有效实施企业社会责任立法和司法监管。另外，政府还须建立和完善企业环境社会责任的激励机制，运用政策和经济杠杆，从投资、信贷、税收、土地、市场准入、政府采购等方面入手，制定一系列激励性政策措施，营造企业环境社会责任的良好发展环境。

1. 健全法律法规

应加强公司法、环境保护法、消费者权益保护法以及劳动法等多种法律机制间的兼容性、实用性、针对性和创新性，同时加大对违规企业的惩戒力度。

2. 构建促进企业履责的金融投资环境

积极构建促进企业履责的金融投资环境，推进责任投资和责任信贷，鼓励环境社会责任投资基金对环境社会责任绩效良好的企业给予贴息和补助，运用绿色评级实现税收、信贷、价格方面的差异化管理。例如，《英国养老金法修正案》中要求退休金托管机构在投资时必须考虑社会和环境影响，此举拉动了社会责任投资资本市场的蓬勃发展，成为很多国家效仿的榜样。

3. 建立企业环境社会责任标识

促进责任消费，推行绿色公共采购，鼓励消费者和政府部门优先采购社会责任绩效良好的企业产品，切实发挥政府的社会责任示范引领作用。例如，瑞典政府实行环保标签、"绿色"公共采购评估、投资环保技术中心等多种手段促使企业在国际和国内履行环境社会责任。

（五）完善企业环境社会责任信息披露制度，提高透明度

企业环境信息公开不仅是公众参与环境保护的前提和基础，也是促进企业完善社会责任制度的有力手段。只有企业环境影响信息透明化，公众才能更有效地行使监督权，政府部门才能在污染治理中有的放矢，投资者才能全面了解企业环境绩效。目前，中国企业社

会责任信息披露机制还很不健全，企业社会环境责任信息披露质量低，政府和公众对信息披露的监管途径少。企业为了满足政府强制性披露要求，往往重形式、轻质量，未能将信息披露的价值内化到企业运营中。

1. 进一步修订《环境信息公开办法》和加大执行力度

修改《环境信息公开办法》中的不适合条文，扩大信息获取渠道；对企业环境信息披露进行监管，加强企业信息公开的奖惩措施。

2. 强调企业社会环境责任报告的标准及认证

根据不同行业特征，制定相应的行业报告规范，同时鼓励专业机构开展审计和认证业务，让企业明晰报告标准，确保社会公众获取真实的企业环境信息。

3. 重视环境信息的储备、整理和分析基础工作

建立"国家企业环境社会责任信息中心"，鼓励专门成立以中小企业为重点的企业环境社会责任信息中心。例如，奥地利的企业社会责任协会是由企业倡导、政府出资建立的交流平台，聚集了所有利益相关方的知识、信息和案例，推动了信息公开与传播，提升了企业环境社会责任信息透明度。

第二节　政府的转型与绿色发展

迈向绿色发展，必须更好地发挥政府的作用。在国际经济形势复杂多变、世界经济复苏乏力的严峻形势下，必须注意防止出现为应对暂时经济困难而放松环境政策、降低环境目标和标准的现象。特别要加强对地方政府的指导和监督，避免地方政府为了单纯保经济增长而忽视和懈怠推动发展方式的绿色转型。继续转变政府职能，强化其在绿色发展中的公共管理和社会服务作用，建立面向绿色发展的服务型政府。

一、形成绿色发展与生态文明的社会规范和价值观

社会政策的制定以价值观和社会规范为基础。与中国生态文明有关的社会价值和规范，是制定未来环境保护和社会发展政策和开展实践活动的基础。应将树立生态文明观念纳入社会文化体系建设，塑造健康安全的社会道德和环境伦理价值观。因此，迈向绿色发展，应大力倡导生态文明，弘扬环境文化，尊重自然与社会发展的客观规律。应当在全社

会形成生态文明的社会主流价值，使广大公民认识到环境权利是公民的基本权利，良好的环境是公民的一项基本福利，而保护环境也是公民的基本义务。

政府在促进全社会形成生态文明价值观中负有重要责任。构建有利于发展方式绿色转型的社会道德、责任、诚信与环境伦理体系，为中国发展方式绿色转型提供强大的思想和精神支撑。建议采取如下政策措施。

（一）培养推动绿色发展的人力资源

人力资源是实现发展方式绿色转型最积极的要素和最基础的社会条件。应将培养具有科学发展观人才的工作纳入国家中长期人才发展规划，为发展方式的绿色转型提供充足的、高素质的社会人力资源。应有针对性地培养一批具有科学发展理念和领导力的领导者，一批绿色经济意识强、富有环境社会责任的企业家，一批服务于绿色发展的科技创新人才，一批推动农村发展方式绿色转型的带头人和一批从事绿色发展具体工作的高级技能人才和社会工作人才。

（二）制订教育和培训计划

一是加强干部培训。在各级党校、行政学院和其他培训中心开设环境与社会方面的综合课程。二是将环境基础知识和可持续发展理论纳入学历教育，包括九年制义务教育和大学本科教育，宣传倡导相关规范和行为，突出操作性、趣味性。三是通过职业教育和继续教育系统，对各种新生就业人口和已就业人群给予帮助，如为农民工提供培训。

（三）支持理论和政策研究

围绕经济、政治、文化、社会、生态文明"五位一体"的总体建设目标，进一步丰富与中国传统道德和文化理念相契合的生态文明价值体系，使之成为推动可持续发展的重要基础。

（四）广泛传播生态文明价值观

运用新闻媒体、互联网等传播载体，开展形式多样的社会宣传活动；鼓励社会组织开展各种实践活动，褒奖先进人物，建立教育基地，推广各具特色的文艺作品和出版作品。

（五）深化生态文明法治建设

国合会在 2014 年的政策建议中提出：推动建立体现生态文明建设目标的环境法治体系，加强环境执法和监管，尽快制定新的环境保护法相关条款实施细则。2015 年 1 月 1 日，"史上最严"的新环境保护法开始施行，各级政府以及环保部门充分抓住这一有利时机，出台了一系列实施细则，加大环保执法力度，使得环保执法威慑力大大提升。

为了配合新环境保护法的实施，环境保护部发布了《环境保护主管部门实施按日连续处罚办法》《环境保护主管部门实施查封、扣押办法》《环境保护主管部门实施限制生产、停产整治办法》《企业事业单位环境信息公开办法》和《环境保护公众参与办法》。

除了严格企业的环境法律责任之外，新环境保护法也加强了政府的环境保护责任。环境保护部根据 2014 年 5 月发布的《环境保护部约谈暂行办法》，共对 13 个城市的主要负责人进行约谈，督促地方政府及有关单位切实履行环境保护职责，推动解决了一批突出的环境问题。

二、完善环境立法，推进法律体系生态化

（一）关于完善生态文明建设立法的建议

2013 年党的十八届三中全会通过的《中共中央关于全面深化改革若干重大问题的决定》，提出了十四个领域的改革措施，对当前资源与生态环境保护领域存在的各种问题，特别是体制改革和重大制度建设方面，首先从深化改革的总体构架上，通过制度安排把生态文明建设融入经济建设、政治建设、文化建设、社会建设各方面和全过程；其次对生态文明建设本身，从体制和重大制度建设两个层面，从源头严防、过程严控、后果严惩各个环节，提出了一系列解决当前生态文明制度建设问题的改革措施。根据十八届三中全会的决定，2014 年十八届四中全会通过的《中共中央关于全面推进依法治国若干重大问题的决定》，在有关加强重点领域立法的任务中，明确提出："用严格的法律制度保护生态环境，加快建立有效约束开发行为和促进绿色发展、循环发展、低碳发展的生态文明法律制度，强化生产者环境保护的法律责任，大幅度提高违法成本。建立健全自然资源产权法律制度，完善国土空间开发保护方面的法律制度，制定完善生态补偿和土壤、水、大气污染防治及海洋生态环境保护等法律法规，促进生态文明建设。"

（二）关于改进立法体制机制的建议

解决环境立法问题，有必要建立党内法规与国家环境法律法规的衔接机制。这一建议不仅有利于解决我国当前环境管理的实际困难，即党政不同责问题，更符合十八届四中全会提出的国家治理体系现代化的战略要求。

部门利益是制约我国环境立法的重要问题，要想确保环境法律法规从上到下都得以有效贯彻落实，有必要按照十八届四中全会的决定精神，在立法阶段建立超越部门利益的立法启动、起草体制和机制。

具体可以采取如下措施：

一是对于法律制定或者修改的启动，可以由全国人大根据执法检查或者调研来决定启动，也可以由国务院提请全国人大或其常委会审议来启动。国务院在做出提请决定前，可以由各部委局提出意见。

二是全国人大或其常委会决定启动环境法律的制定或者修改的，只能由全国人大常委会会同有关专委会或者工作委员会负责草拟条文，不得委托国务院法制办甚至各部委局起草草案。这样可以保证环境法律草案的公正性和超越性。

三是全国人大常务会有关专委会或者工作委员会进行调研拿出草案后，可以召集国务院法制办和各部委局听取意见，但这些意见只能供全国人大参考。

（三）以"一揽子"解决方式改进环境立法工作

建立新的立法设计方式的目的在于解决环境法律法规操作性不足的问题。当前我国严峻的环境污染形势主要源于政府的权力过大和法律法规过于原则。如何解决法律法规操作性不足问题，同时限制政府权力，是需要研究的主要问题。

建立新的立法设计方式主要是为了避免法律的制定者希望把法律细化的任务推给法规，而法规细化的任务又推给部门规章的问题出现。过度原则的环境法律不利于执行，而较为详细的部门规章则带有浓厚的部门利益色彩。因此，要转变这种立法设计方式，在制定法律时就要在其中做出详细的"一揽子"规定，事先预计可能存在的问题并予以解决；如果同时规定不了的，可以规定配套规范和标准的制定期限。

（四）继续加大信息公开力度，提高环境立法公众参与程度

目前，信息公开和公众参与程度低的问题已经成为制约社会力量成为环境管理体系第

三极的主要阻碍。因此，在下一阶段环境法律法规的修改或制定中，应当提高信息公开和公众参与在这些法规中的覆盖度，并不断细化信息公开和公众参与的实施程序，提高社会力量参与环境管理的能力。可以考虑在环境保护部《环境保护公众参与办法》《企业事业单位环境信息公开办法》《环境影响评价公众参与办法》的基础上，制定《环境保护信息公开和公众参与条例》。

三、持续推进环境质量改善行动

以环境功能区划和环境质量管理为基础，建立以环境质量基本要求为目标的中长期行动路线。（1）研究制定全国和重点区域环境功能。2022 年仍是中国环境压力持续增大期，因此不宜对全国环境质量改善抱有过高的期望，但应从维护国家生态安全和环境健康的角度，确定不同区域的环境功能定位和环境质量要求。（2）依据这些区域 2020 年—2030 年环境质量要求，制订环境质量改善行动方案，使阶段性的环境质量改善预期与中长期目标相吻合，并长期坚持。

公布分阶段清洁空气、水、土壤等达标实施方案，定期公布环境质量状况，合理引导公众对环境质量改善预期，并参与其中。

（1）各级政府定期开展区域环境质量评估，向同级人民代表大会报告情况，并将区域环境质量详细情况向社会公开，实施达标方案的过程管理。

（2）将任期内区域环境质量改善状况纳入政府政绩考核指标和政府行政首长离任审计内容。

（3）实施以改善区域质量为目的的区域生态补偿机制，影响政府施政行为。

（4）环保部要对不同区域实施不同要素、不同因子的控制要求，引导调控区域经济社会活动和产业布局。不达标的区域或者城市制订以环境质量改善为核心的达标计划，定期评估、滚动修编、阶段达标、逐步改善。

如美国法案对部分污染严重地区臭氧达标期要求就长达 18 年。环境质量目标既要呼应公众诉求更要可达可控，确保经济技术可行下的环境质量持续改善向好。

四、鼓励所有社会主体发挥作用

为适应日益多样化和多元化的社会需求，我们强调发挥各个社会行为主体的作用，同时在政府、企业、社会部门和民众之间建立一种合作互动的良性关系。可采取如下政策或措施。

（一） 鼓励健康、可持续的生活方式

促进形成适度、公平和以人为本的生活方式，强调物质以及精神和文化层面消费的质量而不是数量。通过宣传和教育，培养公众形成可持续的生活习惯和行为准则。特别是发挥社会组织、企业家、公众人物引领健康生活方式的示范带头作用。

（二） 公众参与决策过程

通过公开环境信息、立法保证公众环境权益等手段来保护和强化公众的知情权。中国大规模的城镇化为此提供了独特的机遇，例如可以尝试创新型、参与式的城市规划方法。

（三） 促进企业履行环境社会责任

通过进一步完善和落实环境保护法律法规、标准，健全环境保护的经济政策和激励手段，培养企业的环保理念，推动企业履行环保社会责任。推动企业参与超出环保义务之外的活动，如通过开展公益事业与社区共同建设环保设施。通过独立监管和公众参与，对企业环境行为进行评级和信用评价，将企业环境信用评价作为审核企业发债、上市、银行贷款等资格的重要依据。

（四） 支持环保社会组织的进一步发展

社会组织作为独立的评估者和监督者，能够为政策制定者建言献策。这此社会意识、开展调查研究、保护生物多样性，并且为政策制定者建言献策。这些社会组织超出了当前中国正式注册的范围。因此，有必要考虑改变社会组织注册相关政策，放松其开展环境、社会领域相关活动的限制。很明显，促进发挥公益性环保组织的作用，需要创造条件解决他们面临的注册难、资金难、社会参与难的问题。具体措施包括：一是积极鼓励和引导城乡社区参与环境保护，例如，发挥他们在宣传动员等方面的作用；二是鼓励社会组织广泛参与重大项目的环境影响评估、社会风险评估，推进重大项目立项做到公平、公正、透明；三是鼓励、引导社会组织有序参与提供公共服务。政府购买公共服务中，将环保组织纳入招标范围，这将有利于密切政府和社会组织的关系，弥补政府提供公共服务的不足。

（五）完善政府与社会力量在环保领域合作的体制与机制

建立各级环保部门与从事环保工作的社会组织、群团组织、社会企业、合作社等的沟通协调机制、信息共享机制、项目合作机制等。通过完善合作机制建设，整合社会资源，促进公众与社会组织参与程度不断提高。

五、加强环境公共治理

实现生态文明愿景的关键是政府制定清晰完善的法律法规体系和采取行之有效的政策行动。中国政府应当同时完善环境政策和环境社会发展政策，并保持其一致性。环境和公共健康领域的国际经验表明，实现这些环境与社会目标需要拥有足够的政治意愿。

同时，根据中国复杂的生态和环境问题，有必要建立等同于经济、社会政策强有力的综合环保政策。可采取如下政策措施。

（一）中国政府将每五年的规划改为"国民经济、社会发展与环境保护规划"

在此规划中，环境与经济和社会并列成为同等重要的内容。各级政府在每年"两会"上所提交的"国民经济与社会发展报告"也应相应地改为"国民经济、社会发展与环境保护报告"。

（二）建立重大政策的环境社会评估机制

建立环评结果的追溯机制和责任制，环评单位和个人要对环评报告负责，加大环评违法的处罚力度。譬如，欧盟委员会的事前政策影响评估是实现政策一致性的重要手段，可以作为参考借鉴。

（三）完善政绩考核和政府绩效评价体系

改革政绩考核方法，逐年提高生态环境、社会发展等方面指标在评价体系中的权重，促进地方政府主动在生态环保上加大投入。站在国家可持续发展的高度，对现有的部门政策、宏观经济政策和环境保护政策以及各部门内部的政策进行系统的评估和清理，最大限度地降低政策性内耗，提高政策的整合性，有效发挥政策工具的组合作用和功能。

（四）创新、优化和发展现有的环境政策体系

在消除或降低现有政策手段内部冲突的基础上，修订和弥补现有政策中的不足，积极制定和补充新的环境政策手段，特别是制定和出台消费领域的相关环境政策，鼓励和引导绿色消费。对已有的法律、法规进行系统的梳理和评估，消除不同法律之间、法律与规章之间的矛盾和冲突，增强法律、规章之间的互补性和协调性，降低成本和提高效率，以改善法律体系的质量和提高法律的适应性。修订法律条款中不适应的内容，对原则性的法律条款进行细化和补充，以增强法律的可操作性或可执行性。适当增加或补充可持续发展领域相关的法律或法律条款，以消除法律之间或法律与规章之间的空白和断档。

六、同步推进环境风险防范制度化

中国环境风险防控基础非常薄弱，不能适应全过程风险防范的要求，需要制定国家层面上的环境风险管理目标和控制策略。需要将环境风险管理的关口前移，从经济发展决策、重大资源开发和项目建设、社会管理等社会经济发展的全领域，贯穿环境风险防控的基本要求，建立有别于治污减排模式的环境风险管理机制和政策措施，实施有效的目标管理。

在企业污染、人体健康、生态系统完整性三个层次强化环境风险战略导向，逐步建立有别于常态定量管理的不确定风险管理体系。首先，应从企业污染防范入手，在项目环境影响评价、治污设施建设、生产运行、事后处置等方面积极推进。其次，应从受体角度，将人体健康维护纳入开发建设和生产经营活动的基本评价项目，建立环境污染与人群暴露的常规监测，开展环境健康风险评价分级，控制并不断降低人体健康损害。第三，从环境管理的角度，将生态系统安全作为环境影响评价、排污总量控制、环境治理修复以及环境质量标准的基本准则，以保障生态系统健康、促进生态平衡作为最终目标，建立开发强度控制制度和重大环境风险事故防范处置机制，防止生态系统发生不可逆转的损害。

落实企业防范环境风险的主体责任，推动损害定量评估和赔偿补偿制度实施。欧美发达国家主要采取公民诉讼或者利益相关者诉讼的方式进行处置。日本在解决水俣湾汞污染事件赔偿的过程中，采取公益诉讼的方式，支持为受到水俣湾汞危害的当事人争取赔偿。在未来一段时间内，中国要切实落实企业风险防范的主体责任，明确区分主体责任与监管责任，梳理监督管理制度，切实改变"企业违法、群众利益受损、政府买单"的局面。在

"事前风险防控—事中应急响应—事后损害赔偿与恢复"全过程环境风险防控诸环节中，建立环境风险事故损害评估和赔偿制度，解决法律依据、赔偿标准、环境权益主体等制度性问题，补充制度短板，明确资源环境、人体健康、生态系统的价值，建立良性反馈和内生机制。

面对累积型、突发型环境风险不断加大的局面，中国应以保障公众健康和生态安全为目标，建立环境风险决策与防控体系，有效应对影响公众健康、公共安全和社会稳定的潜在重大环境风险问题，实现环境风险管理常态化。尤其要注重实施"一带一路"倡议过程中的生态环境风险防控。

（一）从源头上管控环境风险，构建国家环境风险防控体系

建立国家重大宏观战略环境风险评估与预防制度，针对"一带一路"倡议、"京津冀一体化"、"长江经济带"等宏观战略开展环境风险评估，形成环境风险预防机制。在"多规合一"中纳入环境风险评估，识别风险优先管理区，制定环境风险管控红线。制定分阶段、分区、分类的国家环境风险管理目标与战略，重构以实用性环境预案为核心的、多部门协作的环境应急体系，明确和落实企业环境风险控制的主体责任，进行环境风险信息整合，建立高效透明的、与公众互动的环境风险交流平台。

（二）高度重视"走出去"的环境风险问题，共商、共建绿色"一带一路"

大力倡导并践行生态文明与绿色发展理念，加强与"一带一路"沿线国家的环境保护交流与合作，共建"一带一路"生态环保信息共享服务平台。将绿色金融纳入"一带一路"建设融资机制，促进"走出去"的投资企业重视生态环境保护，积极履行社会环境责任。制订实施中国对外绿色援助行动计划，加强南南环境合作，建设绿色、低碳、环保、发展的"一带一路"。

七、建立健全环境社会风险评估、沟通、化解机制

凡涉及公民环境权益的重大决策、重大政策、重大项目、重大改革，均纳入环境社会风险评估。政府应该建立一套全面的环境和社会风险评估方法。可采取如下政策或措施。

（一）实行"前置审批"制度

对具有社会影响的重大项目、涉及公众环保权益的政策和改革进行"前置审批"，包

括进行程序合法性评估、政策合理性评估、方案可行性评估、诉求可控性评估等。

（二）建立征求和吸纳民意的规范程序

在重大项目决策前，通过座谈会、听证会、社会公示等多种形式，邀请人大、政协、行业协会以及社会各界代表对社会风险评估报告进行审评，以获得民众的理解、信任和支持。

（三）建立环境社会影响问责制

对履行评估程序不严格、造成"评估失灵"的干部严肃处理，对不重视社会风险评估结果的决策者严格问责。

（四）构建突发环境事件的应急机制

制订完备性强、可操作的应急预案，明确各级相应机制的启动条件、启动时间、对应人员及装备等。

（五）提高环境信息的公开性和透明度

在应对环境事件过程中，发布及时、准确和实际的信息，以避免误导、失实报道、猜测和谣言。应该充分利用新媒体平台，例如微信公众号、微博等。

八、生态环境风险管理的国际经验

（一）国外环境风险管理发展历程

目前一些国家（如美国、荷兰、英国、加拿大、澳大利亚、新西兰、新加坡以及韩国）已建立了较为完善的环境风险评估以及管理政策体系，但从其发展历史来看，其环境风险管理体系是在其工业化时期所发生的一系列重大环境污染事故或长期慢性污染的驱动下，在付出了惨痛代价之后逐步建立的。

总体来看，欧洲国家、美国和加拿大等现阶段较为完善的环境风险管理经验值得中国学习，但其由环境污染事件，以及大气、水和土壤等的慢性健康与生态效应驱动的教训却值得中国思考。不能再重复发达国家由环境污染事件来驱动的脚步，而是应该有战略、有步骤地构建和完善中国的环境风险管理体系，并系统考虑突发污染事故风险、长期累积性污染导致的突发环境事件风险，以及长期慢性环境风险三类风险。美国环境风险评价体系的发展历程还告诉我们，需要根据风险形势的变化，适时对环境风险管理体系进行评估和改善。

（二）环境风险治理体系的国际经验

在美国，有几个部门负责风险评价与管理，包括环保局、能源局、国家海洋与大气管理局、农业局、食品与药品管理局、职业安全与健康管理局、交通局、核管理委员会以及国土安全部等。各州的环保局、农业局、食品与药品管理局和商品检验局则负责州层面的环境风险评价与管理。这些州层面的管理部门由环保局区域办公室负责监管，并通常在"合作联邦主义"中得到环保局授权实施联邦法律。

在欧盟，欧盟层面采取的政策需要转移到其成员国的法律中。几乎所有欧盟国家中，环境保护部通过区域管理办公室来对地方环保工作进行监管。

政府部门碎片化是一个极大挑战，甚至在最成熟的监管体系中也是一样。在美国，联邦政府多个部门负责管理多个风险领域。这种部门及其任务横向的重叠使得风险优先级设定变得困难，同时会导致一个部门降低一种风险时可能会无意中增加了其他部门领域内的其他风险（或未能达到同时减少多种风险的效益）。美国环保局在许多环保法律中拥有特别权力，与国家层面的其他管理部门之间在环境风险责任方面有着工作关系。例如，联邦政府有关部门必须提供新项目的环境影响报告，而联邦环保署有权审查这些报告并提出改进建议。但美国横向部门之间的主要协调机制在于白宫。

在其他国家，环境风险在决策中的运用也得到不断推进。其中，挪威的系统值得关注。挪威在宏观经济模型中整合了环境经济，该模型为财政、工业、能源和环境部门决策人员提供了宏观甚至微观政策可能引发的环境风险的信息。在欧盟，有环境数据共享的协定，法律要求各机构必须向中央机构（如统计局）提交数据。欧洲统计局为其成员国在环境保护政策制定与决策和提升环境信息交流以及环境监测提供建议。欧盟委员会的环境部负责协调环境质量标准、法律法规的制定与修改，并确保相关环境政策的执行。欧盟委员会科学技术部负责为环境、健康、教育和能源政策制定提供支持。在大多数欧盟国家，环境保护部是内阁的组成部分。一些国家的环境保护部按照环境介质（如空气、水、生物多样性等）设置了内部机构。

科学机构在确定环境风险评价与管理背后的事实中起到关键作用，可以为环境风险委员会与政策制定者提供有价值的输入。欧盟指定科学机构，并要求其研究提出环境风险管控的科学事实基础、对管理的环境效益提出建议等。如总部位于奥地利的国际应用系统分析研究所，为欧洲空气质量管理提供科学依据。美国也有类似的机构为风险评价与管理提供科学支持，例如美国疾控中心、美国国家环境健康科学研究所、国家科学院、美国国家海洋与大气管理局，以及美国环保局的部分研究机构、美国能源局的国家实验室等。通过透明的运作、参与和科学整合的包容性，这些机构作为公正的咨询顾问赢得了政策制定者的认可，为环境风险管理提供科学事实的依据。

九、提高环境基本公共服务水平

强调环境公共服务是为了体现政府有能力实现改善和保护环境、满足公民健康和福利期望的目标。在需要基础设施规划和决策的城乡层面快速城镇化和显著变革的环境下，强调环境公共服务的政策一致性显得尤为重要。基本公共服务是由政府主导提供的，旨在保障全体公民生存和发展基本需求的公共服务。人类的基本需要包括水源清洁、空气清新、土地肥沃的宜居环境。此外，制度安排、标准和法律等无形服务也逐渐纳入其中。具体行动如下：

（一）制定适当的协调机制，保证环境基本公共服务均等化

合理确定环境基本公共服务的范围和标准，如配备污水处理、垃圾处置等设施；保障公众清洁水权、清洁空气权及宁静权等；环境应急响应机制；环境信息服务，如保障公众环境知情权和环境监督权。

（二）通过购买服务提高环境基本公共服务的水平

如调动社会组织开展环保监测、评估和提高环保意识的宣教活动；逐步提高环境基本公共服务在财政支出中所占比重；建立多种资金渠道，完善中央转移支付和跨区域转移支付的机制，为各地实现环境与社会政策目标提供资金保障。

（三）建立生态补偿机制

加大对重点生态功能区的均衡性转移支付力度，研究设立国家生态补偿专项资金。鼓励、引导和探索下游地区对上游地区、开发地区对保护地区、生态受益地区对生态保护地区的生态补偿，使保护生态环境也可以增加地方收入，造福当地群众。

参考文献

[1] 安军地. 绿色金融助推绿色低碳发展的路径研究［J］. 质量与市场，2022（10）：196-198.

[2] 包智明. 环境公正与绿色发展［M］. 北京：中央民族大学出版社，2020.

[3] 陈超. 中国工业绿色增长［M］. 北京：经济日报出版社，2019.

[4] 董育余，叶进，赵生吉. 新时代绿色发展理念的内在价值探究［J］. 边疆经济与文化，2021（12）：51-54.

[5] 方时姣. 绿色经济思想的历史与现实纵深论［J］. 马克思主义研究，2010（6）：55-62.

[6] 方时姣. 生态文明创新经济［M］. 北京：北京：中国环境出版社，2015.

[7] 方时姣. 最低代价生态内生经济发展［M］. 北京：中国财政经济出版社，2011.

[8] 弗·卡曾拉. 绿色政治——全球的希望（中译本）［M］. 北京：东方出版社，1988：329.

[9] 顾保国. 新时代新发展理念要览［M］. 天津：天津人民出版社，2020.

[10] 胡鞍钢. 中国创新绿色发展［M］. 北京：中国人民大学出版社，2012.

[11] 胡宝国. 绿色中国［M］. 上海：上海教育出版社，2020.

[12] 胡芬，郭清霞，刘思华. 旅游经济绿色发展论［M］. 中国环境出版社，2017.

[13] 金瑶梅. 绿色发展的理论维度［M］. 天津：天津人民出版社，2018.

[14] 李红梅. 绿色发展理念与服务绿色崛起的理论与实践研究［M］. 北京：人民出版社，2018.

[15] 李留新. 绿色文化有力支撑绿色发展［J］. 人民论坛，2019（16）：92-93.

[16] 李明华. 人在原野——当代生态文明观［M］. 广州：广东人民出版社，2003.

[17] 李晓西. 绿色抉择中国环保体制改革与绿色发展40年［M］. 广州：广东经济出版

社，2017.

［18］李政. 创新发展理念［M］. 长春：吉林大学出版社，2017.

［19］林红梅. 绿色发展理念与实现路径［M］. 北京：中国大地出版社，2019.

［20］林智钦. 绿色发展革命［M］. 北京：中国经济出版社，2018.

［21］刘江宜. 绿色发展道路探索［M］. 北京：中国环境科学出版社，2017.

［22］刘庆莹. 绿色发展理念的内涵与价值解读［J］. 西部学刊，2021（21）：15-17+35.

［23］刘思华，方时姣. 企业经济可持续发展论［M］. 北京：中国环境科学出版社，2002.

［24］刘思华. 理论生态经济学若干问题研究［M］. 南宁：广西人民出版社，1989.

［25］刘思华. 刘思华文集［M］. 武汉：湖北人民出版社，2003.

［26］刘思华. 刘思华选集［M］. 南宁：广西人民出版社，2000.

［27］刘思华. 绿色经济论——经济发展理论变革与中国经济再造［M］. 北京：中国财政经济出版社，2001.

［28］刘思华. 生态马克思主义经济学原理（修订版）［M］. 北京：人民出版社，2014.

［29］卢婧. 绿色经济与绿色发展丛书低碳城市建设［M］. 北京：中国环境科学出版社，2017.

［30］卢艳玲. 绿色发展视域下的绿色文化构建［J］. 洛阳师范学院学报，2013，32（01）：14-17.

［31］梅萍，向荣. 绿色发展理念三维视域探析［J］. 牡丹江师范学院学报（社会科学版），2022（02）：30-39.

［32］苗艳青，杨洪伟，游茂. 健康中国战略下的绿色卫生服务体系论［M］. 北京：中国环境出版社，2017.

［33］穆艳杰. 绿色发展理念［M］. 长春：吉林大学出版社，2017.

［34］南剑飞. 绿色发展理念下油气城市循环经济发展研究［M］. 北京：经济管理出版社，2019.

［35］潘加军，张乐. 我国绿色发展理念的演进与践行［J］. 湘潭大学学报（哲学社会科学版），2021，45（06）：163-167.

［36］彭东昱. 生态文明建设是关系中华民族永续发展的根本大计［J］. 中国人大，2018（14）：20-21.

［37］秦书生. 马克思主义视野下的绿色发展理念解析［M］. 南京：南京大学出版社，

2020.

[38] 舒远招. 马克思主义与"五大发展理念"研究丛书马克思主义与绿色发展研究 [M]. 长沙：湖南大学出版社，2019.

[39] 唐承财. 绿色发展理念下雾霾对区域旅游业的影响及应对策略研究 [M]. 北京：旅游教育出版社，2019.

[40] 田学斌. 当代中国政治经济学新发展理念的逻辑机理和实现路径 [M]. 北京：新华出版社，2017.

[41] 王春玲. 绿色发展理念下的生态文明建设研究以甘肃省为例 [M]. 北京：人民日报出版社，2018.

[42] 王玲玲. 发展伦理探究 [M]. 北京：人民出版社，2010.

[43] 王向南. 绿色金融风险管控的混合治理模式分析 [J]. 长春金融高等专科学校学报，2017（2）.

[44] 吴迪. 绿色发展理念驱动下低碳经济与产业升级的路径选择 [M]. 北京：中国财政经济出版社，2018.

[45] 许进杰. 资源环境紧约束条件下的绿色公共消费政策研究 [M]. 北京：新华出版社，2020.

[46] 许雪芳，覃宇冰. 我国绿色金融发展的实践经验与提升路径 [J]. 人民论坛，2020（30）.

[47] 严晗. 做推动绿色科技成果转化的实践者 [J]. 施工企业管理，2021（12）：46-50.

[48] 杨超越. 浅谈低碳经济与可持续发展 [J]. 中国经贸导刊，2021（24）：60-61.

[49] 杨洁. 发展绿色金融助推节能环保绿色产业 [J]. 中国经贸导刊，2020（01）：59-60.

[50] 约·贝·福斯特. 生态革命——与地球和平相处 [M]. 刘仁胜等译，北京：人民出版社，2015.

[51] 岳利萍，康蓉. 绿色发展的政治经济学 [M]. 北京：中国经济出版社，2019.

[52] 臧弘印. 新时代绿色产业基本理论、发展问题以及对策 [J]. 中国轮胎资源综合利用，2020（01）：32-36.

[53] 张彩云，黄娟. 绿色发展理念视域下的低碳发展战略 [J]. 贵州省党校学报，2022（01）：75-83.

［54］张满菊.绿色生态理念下包装设计研究［M］.长春：吉林出版集团股份有限公司，2020.

［55］张怡琳，汤俪瑾.新时代绿色发展理念的嬗变与传播［J］.今传媒，2021，29（10）：113-115.

［56］仲崇文.基于绿色生态理念的中国城市产业规划研究［M］.北京：北京理工大学出版社，2020.

［57］周国梅.绿色城镇化发展与创新新理念新机制新技术［M］.北京：中国环境出版社，2020.

［58］周明波，宋晓，欧阳辉.践行绿色发展理念建设美丽中国［M］.北京：中国水利水电出版社，2018.

［59］周永章，林星雨，伍春丽.绿色发展理念研究［M］.北京：社会科学文献出版社，2020.

［60］周长益.绿色发展经济学概论［M］.杭州：浙江教育出版社，2018.